Sana relaciones tóxicas con técnicas chamánicas

"Este libro espléndido es una guía clara para la sanación chamánica de nosotros mismos y de nuestras relaciones. Me alegro de que *Sana relaciones tóxicas con técnicas chamánicas* ahora esté disponible en inglés. Lo recomiendo de todo corazón a cualquiera que quiera ser un humano más empoderado y más feliz".

—CARLOS PHILIP GLOVER, coach chamánico y autor de *Earth Wisdom Teachings*

"Qué regalo es este libro. Me ha maravillado su claridad y el acierto con que el autor presenta y entrelaza elementos clave de los mapas a través de (entre otros campos) la psicología y el chamanismo. La complejidad de ser humano y de encontrarnos soldados a invisibles y pesados patrones se aborda de frente. Con un constante tono de amabilidad, ánimo y fuerza, el autor brinda lo que tantos atrapados en estas redes necesitan: un manual compasivo que proporciona herramientas de liberación y medios para el despertar espiritual y neurológico. Al emerger de este libro experimentaras un nuevo mundo teatral donde entiendes que tu vida es tuya y, como tal, debe ser cogida por los cuernos, y de que todo lo que ha sucedido ha sido una invitación a explorar y desbloquear una libertad y un significado más profundos".

—CAROL DAY, psicoterapeuta, artista y autora de *Shamanic Dreaming*

SANA
RELACIONES
TÓXICAS CON
TÉCNICAS CHAMÁNICAS

CÓMO DISOLVER ANTIGUOS CONTRATOS Y RECUPERAR TU ALMA

STEFAN LIMMER

Traducción por Carlos Rojas A.

Inner Traditions en Español
Rochester, Vermont

Inner Traditions en Español
One Park Street
Rochester, Vermont 05767
www.InnerTraditions.com

Inner Traditions en Español es un sello de Inner Traditions International

Copyright © 2021, 2025 de Stefan Limmer
Edición en alemán © 2021 de unum, un sello de GRÄFE UND UNZER VERLAG GmbH. Edición en inglés © 2025 de Findhorn Press
Traducción © 2025 de Inner Traditions International

Título original en alemán: *Toxische Beziehungen Schamanisch Heilen*, publicado por unum, un sello de GRÄFE UND UNZER VERLAG GmbH. Título original en inglés: *Shamanic Healing for Toxic Relationships: Dissolve Old Soul Contracts and Retrieve Lost Soul Parts*, publicado por Findhorn Press, un sello de Inner Traditions International.

Se reservan todos los derechos. Queda prohibida la reproducción o utilización total o parcial de este libro en cualquier forma o por cualquier medio, ya sea electrónico o mecánico, incluyendo fotocopias, grabaciones o cualquier sistema de almacenamiento y recuperación de información, sin la autorización escrita del editor. Ninguna parte de este libro puede ser utilizada o reproducida para entrenar tecnologías o sistemas de inteligencia artificial.

Exención de responsabilidad
La información contenida en este libro se ofrece de buena fe y no pretende diagnosticar ninguna enfermedad física o mental, ni sustituir el asesoramiento o los tratamientos médicos autorizados. Por favor, contacte a su médico para recibir asesoramiento y tratamiento. Ni el autor ni el editor pueden ser considerados responsables por cualquier pérdida o daño que pueda derivarse del uso de este libro o de cualquier información contenida en el mismo.

ISBN 979-8-88850-297-6 (impreso)
ISBN 979-8-88850-298-3 (libro electrónico)

Impreso y encuadernado en China por Reliance Printing Co., Ltd.

10 9 8 7 6 5 4 3 2 1

Ilustraciones de Nadia Gasmi (p. 133); Shutterstock (p. 135).
Diseño del texto por Richard Crookes. Maquetación por Mantura Kabchi.
Este libro se tipografió en Adobe Garamond Pro.

Para comunicarse con el autor de este libro, envíe por correo una carta de primera clase al autor a través de Inner Traditions - Bear & Company, One Park Street, Rochester, VT 05767, USA, y le reenviaremos la comunicación, o contacte directamente al autor en **https://schamanenpfad.de.**

Escanea el código QR y ahorra un 25 % en InnerTraditions.com. Explora más de 2000 títulos en español e inglés sobre espiritualidad, ocultismo, misterios antiguos, nuevas ciencias, salud holística y medicina natural.

ÍNDICE

Prefacio 7

1

Relaciones tóxicas

La realidad y la ilusión 11
Síntomas de una relación tóxica 14
Víctimas, agresores y salvadores 22
Trastornos de personalidad y relaciones tóxicas 32

2

Los problemas y las heridas del alma:
Las verdaderas causas de las relaciones tóxicas

El universo creativo 37
Las leyes universales de la vida 45
El llamado de nuestra alma 50
El amor propio y la autoestima 60
Lesiones del alma..66
Los problemas de relación de nuestros ancestros 72
Nuestro sistema de energía sutil 75
La energía de los cuatro elementos 81
Los arquetipos: imágenes primitivas del alma 87
Pensamientos negativos, sentimientos y creencias...............106

3
Cómo deshacerse de los patrones y de las relaciones tóxicas

    Tomar una decisión 113
    Sanar el alma mediante el diálogo con el alma 118
    Marco ritual 124
    El espacio sagrado y el círculo protector..................131
    Activa el amor propio 135
    Crea una visión clara..138
    Fortalece y limpia el aura 143
    Armoniza los chakras y las prominencias frontales ...147
    Armoniza la energía de los cuatro elementos 151
    Activa el poder de los ancestros 154
    "Viaje chamánico del alma, Luz" 157
    El viaje de tu héroe personal 170
    Ayuda inmediata 174
    Finalmente: ¿Qué es el amor verdadero? 177

Apéndice: Transcripción del "Viaje chamánico del alma, Luz" 181

Recursos 186

Rituales y ejercicios 188

Sobre el autor..189

Índice analítico 190

PREFACIO

A todos nos gustaría tener relaciones enriquecedoras en las que se nos reconozca y respete, y se nos acepte tal como somos, sin necesidad de fingir. Esta es la base para tener una buena relación. En las relaciones tóxicas, la situación es completamente distinta. Debido a la estructura de la personalidad tóxica de uno o más de los implicados, estas se tornan venenosas, lo que a menudo provoca el sufrimiento de todos los involucrados, y la convivencia se convierte en una tortura. Los afectados no suelen encontrar salida y se sienten impotentes, atrapados y dependientes entre sí.

Si queremos liberarnos definitivamente de una relación tóxica y evitar volver a caer en patrones similares en el futuro, tenemos que localizar las causas a nivel del alma, analizar los problemas y patrones subyacentes, y sanarlos. Así crearemos las condiciones para tener relaciones enriquecedoras y felices en las que todos los involucrados respeten, honren y aprecien a los demás.

En mi caso, crecí en un entorno caracterizado por diversas estructuras de relaciones tóxicas, con todas sus consecuencias negativas. En particular, la relación de mis padres fue un claro ejemplo de lo que hoy llamamos una relación tóxica. Se hacían la vida imposible mutuamente y a los de su entorno más cercano.

Tuve que trabajar conmigo mismo durante mucho tiempo para reconocer los patrones que me habían moldeado y que en parte había interiorizado, y sanar mi propio comportamiento. Esto me permitió tener relaciones satisfactorias que me nutren a mí y a mi entorno, y me permiten crecer; relaciones en las que puedo mostrarme tal como soy, en lugar de conformarme, esconderme, menospreciarme y recaer en los comportamientos que interioricé durante mi infancia.

Me llevó mucho tiempo entender por qué mis padres no se separaban y ponían fin a aquel calvario. Objetivamente hablando, esas relaciones son irracionales, con ambos miembros de la pareja encerrados en una espiral de abuso emocional, violencia verbal y humillación, que culmina en violencia física y, sin embargo, nadie se atreve a marcharse; un fenómeno difícil de entender. Hoy sé que la dependencia mutua y el hecho de seguir enredados, mantienen a los implicados atrapados en estos patrones, ¡y qué difícil es liberarse de ellos si no se ha sanado el alma!

Exploré varios enfoques psicológicos en mi camino hacia la autosanación a fin de poder encontrar una salida a este dilema, hasta que finalmente me crucé con el chamanismo. En el chamanismo encontré formas de detectar y sanar las heridas que estaban profundamente arraigadas en mi alma. Asimismo, pude reconocer las causas subyacentes que nos llevan a persistir en comportamientos y estructuras tóxicas; y logré entender por qué no emprendemos el camino hacia la liberación y la sanación.

He tenido experiencias personales con todos los métodos y vías que presento en este libro y, posteriormente, he podido acompañar a clientes en su aplicación. También he desarrollado o adaptado muchos métodos por cuenta propia. El resultado es un camino chamánico del alma que revela soluciones profundas y nos muestra cómo liberarnos de la prisión de los patrones tóxicos, para vivir relaciones felices, enriquecedoras y gratificantes.

Les deseo un viaje esclarecedor que les permita encontrar una salida a sus relaciones tóxicas.

Stefan Limmer,
Regensburg, abril del 2021

1

RELACIONES TÓXICAS

Tú y yo somos uno. No puedo hacerte daño
sin hacerme daño a mí mismo.

~ *Mahatma Gandhi (1869–1948)*

LA REALIDAD Y LA ILUSIÓN

La expresión "relaciones tóxicas" se ha utilizado generalmente para referirse a las relaciones de pareja. Sin duda, es aquí donde encontramos sus manifestaciones más fuertes y donde los elementos tóxicos suelen ser más visibles, ya que asociamos ciertas ideas de amor, seguridad, aceptación y felicidad con una relación amorosa. Si estas expectativas no se cumplen, solemos sentirnos decepcionados y nos apresuramos a juzgar negativamente ciertos elementos y conductas característicos de nuestra pareja.

En cualquier caso, este libro no solo se ocupa de las relaciones tóxicas de pareja, sino también de aquellas entre amigos y conocidos, de los sistemas familiares disfuncionales, de los entornos laborales negativos y de las estructuras nocivas en las empresas.

¿Pero qué es una relación tóxica? Dado que muchas relaciones contienen elementos y comportamientos que definimos como nocivos, es difícil dar una definición clara. Las transiciones de una relación normal a una tóxica suelen ocurrir con fluidez. No se trata tanto de una perspectiva clara y racional sino de una percepción individual. ¿Cómo marchan sus relaciones? ¿Cómo se siente cuando estás junto a otras personas o trabajando con ellas? ¿Qué sentimientos predominan?

> Las relaciones de pareja no son las únicas que pueden resultar tóxicas. Amigos, compañeros de trabajo o miembros de tu familia también pueden manifestar comportamientos tóxicos.

Afrontar la realidad

Al hablar con clientes y gente afectada, he visto reiteradamente que les toma mucho tiempo dejar a un lado sus ilusiones, sus esperanzas y su tendencia a endulzarlo todo, y enfrentar la realidad. Sin lugar a dudas, esto se debe al hecho de que las relaciones que luego resultan ser tóxicas, al principio parecían ser el paraíso en la Tierra. Creemos que por fin hemos encontrado a la pareja soñada. Por fin hemos llegado a una empresa en la que solo hay compañeros agradables y un jefe maravilloso. Por fin nos sentimos comprendidos por nuestros nuevos amigos y nos divertimos mucho con ellos. Es por eso que invertimos tanto tiempo y energía. Nos entregamos en cuerpo y alma a la relación y, relajados, nos dejamos llevar por una sensación de seguridad, nos abrimos y hasta revelamos nuestras intimidades.

Al cabo de un tiempo, cuando vemos que nuestra euforia inicial era solo una ilusión que, en la mayoría de los casos, da paso a la amarga realidad, cuando se hace evidente que la persona o personas en las que habíamos depositado tantas esperanzas nos vejan, hieren, manipulan y utilizan cada vez más, eso se convierte en una verdad difícil de aceptar.

> Preferimos aferrarnos a nuestros recuerdos de hermosos comienzos.

Creemos y albergamos la esperanza de que todo vuelva a ser como al principio, cuando flotábamos en las nubes. Nos negamos a aceptar la realidad y el hecho evidente de que la relación cada vez nos satisface menos, y que más bien nos ocasiona un tremendo desgaste energético que acaba con la destrucción de nuestra autoestima. No queremos reconocer que los juegos de poder, el chantaje emocional y la manipulación, están afectando cada vez más nuestro propio bienestar. No queremos admitir que la energía de la relación está actuando como un veneno que nos enferma de forma lenta pero segura, abrigando la esperanza de que todo vuelva a ser como al principio.

Así que invertimos incluso más energía, soportamos todas las humillaciones, permitimos que nos denigren y menosprecien, siempre con la esperanza de que solo estamos imaginando cosas y de que la otra persona cambiará, y así todo volverá a ser como al principio. Esto agrava aún más la espiral descendente. Nos subestimamos, nos volvemos más vulnerables y nos hundimos cada vez más en la relación tóxica. Nos olvidamos de nuestra autonomía y de nuestras propias fortalezas. Nos sacrificamos y permitimos que se nos convierta en juguete de las sensibilidades y del comportamiento enfermizo e inhumano de nuestra pareja, jefe, amigo, madre, padre, etc.

Quienes nunca han sufrido una relación tóxica, quizá no puedan entender cómo alguien se deja tratar de ese modo, e incluso defienden a quienes le humillan y manipulan. ¿Por qué las personas afectadas no ponen límites claros si no se les respeta? ¿Por qué no se liberan de tales relaciones? Incluso, los afectados generalmente no entienden por qué no pueden liberarse y optan por permanecer en una relación a todas luces insoportable.

Esto es causado por ciertos elementos y patrones dentro de la psique humana que resultan ser siempre similares o idénticos, y que nos impiden poner fin a la relación en cuestión y liberarnos. Esto se ha hecho evidente en mi trabajo con clientes y afectados, así como en mis propias experiencias con relaciones tóxicas.

Primero veamos cómo reconocer una relación tóxica.

SÍNTOMAS DE UNA RELACIÓN TÓXICA

¿Cómo podemos detectar si nuestras relaciones contienen elementos tóxicos? Una de las claves es que los involucrados asumen ciertos roles: víctima, agresor y salvador (véanse páginas de la 22 a la 31); y este patrón de roles constituye la base de la relación. Sin embargo, no es inusual que los involucrados intercambien roles. Las siguientes afirmaciones describen la situación desde la perspectiva de la víctima, pero es posible que también te reconozcas en el papel de agresor:

- Con frecuencia sientes incomodidad. Por lo general no eres capaz de entender exactamente por qué, pero te das cuenta de que algo anda mal.

- Sientes que se aprovechan de ti. De alguna manera, acabas llevándote todo el trabajo. Tu opuesto tóxico se las ingenia para delegarte el trabajo que en realidad también es de él. Te estás convirtiendo aceleradamente en una especie de "burro de carga", sin tiempo para tus asuntos personales.

- Te sientes inferior e insignificante y nunca eres lo suficientemente bueno. Por mucho que te esfuerces, te critican constantemente y no aprecian tus logros. Poco a poco pierdes la sensación de estar haciéndolo bien o mal. No puedes confiar en nada.

Síntomas de una relación tóxica

La contraparte tóxica:

○ Tu contraparte sufre de constantes cambios de humor. Nunca sabes a qué atenerte. De pronto está de buen humor y luego cambia y se muestra agresivo, enfadado, despectivo, etc., y te culpa de su mal humor. Aunque no haya motivo para ello y no tengas ni idea de qué has hecho mal otra vez, te hace creer que todo es tu culpa.

○ De pronto eres el centro de atención y luego te ignoran por completo. A veces tu contraparte te muestra su amor y te hace cumplidos, y luego te priva de su amor, te insulta, ignora y castiga con su indiferencia.

○ Tu contraparte te manipula deliberadamente con sus caprichos y cambios de humor, te culpa y hace daño, etc. Haces lo que te piden con la esperanza de ganarte su atención, reconocimiento o afecto.

○ Tu contraparte rara vez está equilibrado, más bien fluctúa entre extremos.

○ Ya no te atreves a hablar abiertamente de cómo te sientes.

○ Finges y asumes un rol que no corresponde con tu verdadera naturaleza.

○ Todo lo que haces o dices da lugar a malentendidos y se malinterpreta. Digas lo que digas, siempre se tergiversará y se utilizará en tu contra.

○ Descuidas otras amistades y contactos. Tu contraparte tóxica también te manipula en este aspecto y menosprecia a tus amigos, familiares, colegas, etc. Critica tus aficiones y tus interacciones con otros, enfocándose en los puntos débiles de los demás como comportamientos inaceptables, prohibiéndote nuevos contactos e interacciones.

○ Las conversaciones no son constructivas y casi siempre acaban en discusión, lo cual, por supuesto, es tu culpa.

- Se aprovecha de todas tus debilidades, por pequeñas que sean; te hiere y te inculca sentimientos de culpa.

- Sigues encontrando una razón para defender a tu contraparte y explicarte a ti mismo o a los demás por qué en realidad no todo es tan malo, aunque en realidad seas tú el que está siendo utilizado y manipulado.

- Tu energía disminuye y te sientes totalmente agotado. Para dejar de estar expuesto a este constante estrés, aceptas todo lo que dice tu contraparte y reniegas de ti mismo. Te sientes impotente y pierdes el contacto contigo mismo, tu amor propio, tu autoestima, tu fuerza interior y tu vigor.

Si tomamos como punto de partida las acciones de nuestra contraparte tóxica, podemos identificar las siguientes características y actitudes en las relaciones tóxicas:

- todo gira en torno a satisfacer sus propias necesidades

- ego avasallante

- egoísmo

- sadismo

- chantaje emocional

- retiro del amor

- castigo

- denigración

- menosprecio

- burlas hacia los demás

- no hay muestras de aprecio

- asignación de culpas

- críticas permanentes o recurrentes

- abuso emocional y físico

- manipulación

- aislamiento de la víctima

- reinterpretación de la realidad y de la verdad

- mentiras y alegaciones falsas

- actitud confusa y contradictoria para que los demás nunca puedan darse cuenta

- "Yo soy el rey y todos los demás son mis súbditos"

- "Hacer luz de gas a alguien" o *gaslighting*: la deliberada desorientación y manipulación de la víctima que causa una profunda inseguridad, deformando y destruyendo gradualmente su sentido de la realidad y la consciencia de sí misma.

Hay muchas otras características y variaciones, pero todas se basan en el patrón básico de manipulación y menosprecio.

Reconoce tu propia situación

Aún no disponemos de cifras exactas sobre cuántas personas se ven afectadas por relaciones tóxicas, y los estudios son insuficientes y dispersos. Sin embargo, es esencial comprender tus sentimientos y tener una idea clara de cuándo el egoísmo conduce a un comportamiento patológico. Esto se debe a que, en una red de relaciones tóxicas, los afectados por lo general pierden la confianza en sí mismos, por lo que es aún más importante buscar ayuda para poder evaluar, honesta y objetivamente, su situación.

Algo es indudable: nadie tiene derecho a hacer daño, restringir, manipular o abusar emocional, física o mentalmente de otros de ninguna manera.

Las discusiones y las crisis son normales

No todas las discusiones y crisis son necesariamente indicios de una relación tóxica. Hasta cierto punto, las crisis, los conflictos y los pleitos son normales y necesarios. Forman parte del proceso y nos ayudan en nuestro desarrollo común y en nuestro empeño por resolver problemas.

En una buena relación debería ser posible disculparse de manera sincera tras una discusión, y debería existir la voluntad de trabajar sobre uno mismo para que no se repita el patrón de comportamiento negativo.

Los conflictos deben resolverse de forma aceptable para todos los involucrados y aunque la discusión haya sido acalorada, las soluciones deben buscarse de forma constructiva, respetuosa y en igualdad de condiciones. Que una relación pueda calificarse como tóxica o no, tiene menos que ver con la frecuencia de los conflictos y más con la forma en que todos los involucrados afrontan la situación.

Del mismo modo, no toda herida emocional es señal de una relación tóxica. Nadie es perfecto, todos enfrentamos de vez en cuando nuestros límites en el trato con los demás. Si se activan nuestras propias heridas y traumas aún no sanados del pasado, abandonamos el nivel racional de la persona madura y reflexiva y volvemos a caer en los patrones de conducta infantiles. Nos descontrolamos y podemos herir fácilmente a la otra persona con nuestras palabras o nuestra actitud. Pero si aprendemos de ello y buscamos nuestra propia sanación, podemos curar y perdonar viejas heridas. Nuestra conexión con el amor propio puede consolidarse y, con el tiempo, podemos convertirnos en personas capaces de mantener encuentros amorosos y respetuosos.

> Cuando conectamos con el amor propio, podemos desarrollar una personalidad estable.

¿Qué debemos hacer?

Si te das cuenta de que estás atrapado en una relación tóxica, lo primero que debes hacer es ser sincero; no te mientas más ni te hagas más ilusiones.

Para ello, busca una persona neutral con quien hablar. Puede ser un terapeuta o coach profesional o alguien cercano en quien confíes; alguien que no te manipule ni te imponga sus propias soluciones puede ayudarte a ver la situación con objetividad. Solo cuando reconozcas que tienes un serio problema en esa relación, podrás empezar a cambiar las cosas.

Una vez que hayas tomado consciencia del problema, es hora de pasar a la acción. Es esencial mantener una conversación abierta y adecuada a la situación con tu contraparte, en la que puedas aclarar si está dispuesto a trabajar contigo para encontrar soluciones reales. En el caso de una relación tóxica en un entorno laboral, por ejemplo, se puede recurrir a un moderador externo; en los sistemas familiares tóxicos, la terapia familiar o la terapia sistémica pueden ayudar; en las amistades, es importante una voluntad honesta de encontrar una nueva base para la amistad; y en las relaciones de pareja, las terapias de pareja pueden ayudar a encontrar una solución.

> Acabar con una relación tóxica suele ser la única forma de evitar perdernos por completo.

Independientemente del papel que estés desempeñando actualmente en la relación tóxica, víctima, agresor o salvador, el proceso para liberarse de ella siempre empieza en ti.

Las causas de las relaciones tóxicas y de los patrones de relaciones tóxicas siempre pueden encontrarse almacenadas en nuestra alma y en niveles de consciencia a los que normalmente no tenemos acceso. Por lo tanto, es esencial que te liberes de tus propios patrones subconscientes e intrapsíquicos; es decir, de aquellos que tienen lugar dentro de la mente. De lo contrario, al terminar una relación tóxica, rompemos el contacto con nuestros padres, parientes y amigos o dejamos el trabajo, solo para volver a caer en relaciones negativas y adicciones similares poco después.

Esto no tiene nada que ver con la culpa (véase página 48) ya que, aunque te sientas culpable, más bien se trata de una sanación interior auténtica. Culpar, definitivamente no te llevará a ninguna parte.

Ayuda profesional

Si te das cuenta de que estás atrapado en una o varias relaciones tóxicas y no tienes fuerzas para salir de ellas por ti mismo, entonces deberías buscar ayuda profesional de un terapeuta que esté familiarizado con el problema. En general, es posible dar el salto solo cuando se hayan resuelto cuestiones fundamentales del alma y se haya reactivado el acceso a la propia sabiduría, al amor propio y a la autoestima, así como al poder creativo interior.

Los métodos que se presentan en este libro te brindan apoyo y te ayudan a comprender tu situación. Puede que no baste con esto y que todavía no seas capaz de reunir la fuerza y la voluntad suficientes para liberarte, por lo cual es muy recomendable que te apoyes en un buen terapeuta.

El ego surge de la sensación de separación

Especialmente en las relaciones, nuestra conducta es generalmente moldeada por un ego que ha surgido de un alma herida.

Cuando un alma entra a un cuerpo en este mundo, lleva la chispa divina del amor universal e incondicional que está presente en todo. Ella entiende la naturaleza del universo y tiene una intención específica que quiere hacer realidad aquí en la Tierra. Para ello, entra en relación con el mundo y los demás seres humanos.

En el mundo material, esta alma se encuentra con otras energías que están en conflicto con su intención, y se enfrenta a sentimientos humanos negativos. Es decir, el alma es herida una y otra vez por sus padres, el entorno y la sociedad, y poco a poco va perdiendo su conexión con ese amor incondicional, que aunque sigue almacenado en lo más profundo de tu ser, la consciencia normal ya no puede acceder a él.

Estas heridas y la falta de conexión con el amor conducen a un sentimiento de soledad y separación. Para superar este dolor y no tener que volver a sentirlo, nace el ego, que a partir de entonces intenta restablecer un sentimiento de conexión mediante estrategias sustitutivas. El saboteador interior, esa parte nuestra que nos descarrila una y otra vez y a menudo nos hace la vida difícil poniéndonos obstáculos, se convierte en el aliado más poderoso del ego.

> Las heridas del alma permiten que crezca el ego e inhiben nuestra conexión con el amor.

VÍCTIMAS, AGRESORES Y SALVADORES

Para entender las relaciones tóxicas, no basta con señalar con el dedo a los supuestos "malvados". Un comportamiento tóxico, como alguno de los descritos anteriormente, es inaceptable. Nadie tiene derecho a manipular, menospreciar, instrumentalizar o abusar de otra persona para satisfacer sus propias carencias, como ocurre en las relaciones tóxicas.

En este sentido, es básico establecer límites claros y no tolerar ni justificar este tipo de comportamiento bajo ninguna circunstancia.

Sin embargo, la práctica demuestra que existen ciertos patrones inconscientes de roles que hacen que algunas personas caigan de una relación tóxica a otra. Para liberarnos permanentemente de estos patrones, debemos enfrentarlos a ellos y a nosotros mismos. Así que echemos un vistazo a cómo actúan las personas y qué patrones básicos siguen.

El mecanismo víctima-agresor-salvador

Mientras llevemos un ego herido dentro de nosotros, y este ego herido tenga el control, tendremos la tendencia a adoptar ciertos patrones de roles. Concretamente en las relaciones tóxicas, solemos encontrar una clara división de roles entre los modelos de víctima, agresor y salvador.

Para que quede claro desde un principio: no somos víctimas, agresores ni salvadores, solo nos identificamos con estos roles en constelaciones de comportamientos cambiantes.

Por ejemplo, una persona puede no asumir ninguno de estos en el trabajo y actuar con confianza desde su creatividad y sabiduría interiores. Sin embargo, cuando se encuentra con sus padres, puede caer repentinamente en el papel de víctima y aguantar estoicamente el comportamiento despreciativo de ellos. En su matrimonio, por otra parte, esta persona puede actuar como un maltratador, desatender las necesidades de su pareja y de sus hijos, centrarse principalmente en sus propios intereses egoístas y actuar de forma airada y manipuladora.

Pocas veces nos damos cuenta de que, al identificarnos inconscientemente con estos roles, estamos perpetuando una pesadilla que nos imposibilita llevar una vida creativa, en libertad y amor, y construir relaciones enriquecedoras. Por lo tanto, el objetivo aquí es cuestionar tu propio comportamiento de roles, salirte de ellos y conectar con tu poder creativo interior para actuar desde un estado interno de plenitud y libertad combinado con amor.

> Nos identificamos con los roles de víctima, agresor y rescatador en constelaciones cambiantes.

Veamos más de cerca los roles individuales con los que nos identificamos en nuestras relaciones. Sin embargo, obsérvese que rara vez se presentan en estado puro.

El rol de víctima

La víctima se siente impotente y débil. Impotente para hacer algo al respecto, es testigo de cómo los demás la pisotean una y otra vez. Nadie la toma realmente en cuenta y con frecuencia se ignoran sus necesidades. Las personas en el rol de víctimas son maltratadas, manipuladas, golpeadas o humilladas por los agresores; sirven de saco de boxeo ante los caprichos de los "fuertes". La vida no parece estar de su lado. Hagan lo que hagan, son los eternos perdedores. Nunca consiguen tener éxito en nada.

Si una persona se identifica con este rol en algún ámbito de su existencia, renuncia automáticamente a toda responsabilidad sobre su vida.

La culpa siempre es de los demás; sus padres malvados, su familia, el colega hambriento de poder, las circunstancias adversas, la vida o Dios, que no la ayuda.

La víctima no reconoce ni su propia responsabilidad ni su propio poder creativo. Todavía no sabe que está atrapada en un rol. Reconocerlo es el primer paso para tomar otros caminos y hacer algo, a pesar de las difíciles circunstancias. Entonces le será posible sanar su alma y dejar atrás los patrones tóxicos en las relaciones, para poder moldear su vida de forma creativa a futuro y construir relaciones gratificantes.

El rol de agresor

En realidad, el agresor tiene el mismo problema emocional interno que la víctima, solo que han decidido inconscientemente adoptar estrategias de vida opuestas. Desconectados de su compasión natural y de su verdadera fuerza interior, van por la vida de manera despiadada. Están siempre listos para la batalla y ven la Tierra como un planeta en el que solo sobreviven los más fuertes. Toman todo lo que quieren, hacen daño a los demás, explotan a los animales y a la naturaleza, y siempre están puliendo su imagen de ganadores.

Si queremos liberarnos de estos roles, el camino pasa por sanar nuestra alma.

El agresor necesita a la víctima como contrapartida, ya sea en las relaciones personales, laborales, de amistad o en el seno familiar. Utilizan a las personas, incluso a los animales o a la naturaleza, para demostrar una y otra vez su superioridad y su fuerza. Especialmente en las relaciones con otras personas, actúan sin piedad y utilizan todos los medios posibles de manipulación y degradación solo para sentirse fuertes.

El rol de salvador

Es posible que, en las relaciones tóxicas, este rol sea adoptado por una de las partes implicadas, así como por personas ajenas a ellas.

El agresor como salvador: el agresor, que acaba de torturar, humillar, ignorar y degradar a su víctima, de pronto cambia de postura y dice que solo a través de él podrá la víctima conseguir algo. Se trata de un intento por parte del agresor de manipular aún más el ego devastado de la víctima y hacer que el sentimiento de autoestima de esta dependa siempre de la buena voluntad de aquel.

La víctima como salvador: la víctima está atrapada en la ilusión de poder conseguir que el agresor abandone su comportamiento negativo y dañino. La víctima considera que su misión es salvar la relación y está dispuesta a soportar cualquier cosa para conseguirlo.

El salvador externo: ve el problema del enredo en una relación tóxica e intenta ayudar a la víctima a liberarse de la relación. Si la persona identificada con este rol no está atrapada en su propio síndrome del salvador, su apoyo puede ser valioso; sin embargo, si por el contrario tiene el síndrome del salvador y lo vive sin darse cuenta de que no es más libre que la víctima o el agresor, entonces, en lugar de ser una ayuda, complicará aún más la situación. Dado que una persona con síndrome del salvador necesita alguien a quien salvar, rescatar a la víctima no sería una opción ya que, si lo hiciera, el rol de salvador se volvería innecesario y se sentiría rápidamente inútil y vacía. Algunos intentos de rescate acaban en dependencias aún más profundas que se convierten en estructuras tóxicas, si no se reconoce el problema básico.

La interdependencia de los tres roles

Los tres roles básicos se necesitan mutuamente, aunque no se den cuenta. Ninguno de ellos puede existir sin los otros. Al perpetuar este mecanismo de víctima-agresor-salvador, creamos nuestra propia pesadilla de envidia, resentimiento, sufrimiento, impotencia, enfermedad, dolor, dependencia, debilidad y relaciones tóxicas, día tras día, año tras año.

> Víctima, agresor y salvador están en sintonía, lo que les dificulta salirse de su rol.

Hay muchos sistemas familiares que también funcionan bajo este patrón. A los miembros de la familia en cuestión se les asignan, de forma inconsciente, ciertos roles que cada uno debe mantener para no romper el equilibrio. Si alguno intenta salirse de su rol, los demás harán todo lo posible por impedirlo. Así, muchos sistemas familiares están atrapados en sus propias relaciones tóxicas sin poder hacer nada al respecto. Siguen con sus culpas, tabúes, heridas y secretos de familia, y a ninguno le es permitido asumir responsabilidad alguna para disolver esos bloqueos con libertad y amor.

Hay ciertos roles que se transmiten de una generación a otra. He aquí algunos ejemplos:

o Se supone que el hijo mayor debe mantener la tradición y continuar con el negocio familiar, aunque no tenga ningún interés en hacerlo.

o El segundo hijo desempeña el rol de la oveja negra, que no adopta las normas y valores del sistema; los rechaza y se rebela abiertamente contra ellos.

o El padre es autoritario e iracundo, como lo fueron su padre y su abuelo.

o La madre está a merced de los caprichos de los demás, así como su madre estuvo atrapada en el rol de víctima antes que ella.

o Los roles pueden cambiar en cada generación, pero si analizamos con detalle los sistemas familiares, se comprueba una y otra vez que en todas las familias existen ciertas estructuras básicas que, por lo general, se transmiten a la siguiente generación. Todos estos roles están basados en el mecanismo víctima-agresor-salvador.

Los mismos mecanismos también aparecen en estructuras tóxicas de empresas y jerarquías laborales, en grupos de amigos y conocidos, y en relaciones sentimentales.

Cambio de roles en relaciones tóxicas

En algunas relaciones tóxicas, los papeles se invierten continuamente, y víctimas, agresores y salvadores cambian de posición. Es importante que los afectados reconozcan con sinceridad las estructuras subyacentes y sus propios roles, a fin de encontrar una salida satisfactoria al problema; de lo contrario, acabarán en las mismas estructuras una y otra vez.

El siguiente ejemplo muestra cómo puede cambiar la distribución de roles. Es decir, si un miembro de la familia se rebela contra el rol que se le ha asignado, toda la estructura cambia sin que los implicados puedan liberarse de sus ataduras.

Cambio de roles en el sistema familiar

La familia Smith está formada por el padre, la madre y dos hijos. El abuelo paterno vive en la misma casa en un pequeño apartamento anexo, los abuelos maternos han fallecido y los hijos nunca los conocieron.

John, el hijo mayor, tiene 15 años y se siente víctima del sistema familiar. Tiene que luchar por todo lo que sea importante para él porque su padre es muy estricto y pone límites demasiado rígidos, y su madre es ansiosa y sobreprotectora; quiere mantener a su hijo alejado del "mundo del mal". Su abuelo siempre regaña a John cuando él y su hermano hacen travesuras y juegan. Siempre es culpa de John, y su abuelo se queja de que los dos son demasiado ruidosos y no le dejan estar en paz.

John ve a su padre, su madre y su abuelo como los agresores. Aunque sus padres y su abuelo casi nunca responsabilizan a su hermano menor, John lo ve como un

> salvador; su hermano lo apoya en las discusiones con sus padres y su abuelo y se pone de su lado.
>
> El padre también se siente víctima del abuelo, su propio padre. Sufre las constantes quejas del anciano y siente que tiene que complacer a todos, lo cual es imposible. Para él, su mujer es la salvadora que lo anima y apoya y lo "cuida con cariño". Siente que debe poner límites rígidos a su hijo John y así asume el rol de agresor.
>
> Como resultado, John se rebela cada vez más contra su padre y su sobreprotectora madre, y cae en la bebida. Esto cambia la estructura de roles. John pasa al rol de agresor con su actitud violenta causada por el alcohol "salvador", e intenta forzar a su padre y a su madre a adoptar el rol de víctimas. Su hermano se siente desvalido e indefenso como resultado de este comportamiento y también cae en el rol de víctima.

Desarrollo de la personalidad hasta la edad adulta

Existe una estrecha relación entre las relaciones tóxicas, el mecanismo víctima-agresor-salvador y el desarrollo de nuestro temperamento. Las intenciones de nuestra alma y nuestra personalidad están entrelazadas.

Antes de poder desarrollar nuestra personalidad y llevarla a un estado de madurez, adultez y autonomía, primero hay que sanar el alma, solo entonces desaparecerán los impulsos perturbadores y obstructores provenientes de este nivel más profundo de consciencia, que impiden la iluminación de nuestra personalidad esencial, la que se corresponde con nosotros y con nuestro verdadero ser. También podemos ver la sanación como parte de nuestro trabajo de vida y desarrollo,

> Procuramos desarrollar y liberar las distintas partes de nuestra personalidad.

y la liberación de nuestra alma y personalidad de cualquier energía que las esté bloqueando.

Existen tres facetas o rasgos que conforman y definen nuestra personalidad, que veremos brevemente a continuación:

1. **Inhibición:** parte de nuestra personalidad está inhibida y no la podemos mostrar; no podemos vivirla y por ello pasamos al rol de víctimas en esta área. Tampoco somos capaces de reconocer las heridas y déficits emocionales internos, o tenemos tanto miedo que no nos atrevemos, o carecemos de la fuerza para sanarlos.

2. **Compensación:** parte de nuestro temperamento no se ha liberado, pero contrarrestamos esto mediante una forma de compensación en esa área específica de la personalidad. Esto suele sentarnos mejor, porque la presión del sufrimiento no es tan grande como en el caso de la inhibición. Pero seguimos sin desarrollar nuestro potencial y sin mostrarnos de acuerdo con nuestro verdadero ser y con el propósito de nuestra alma. Desempeñamos un rol y ocultamos nuestros déficits y heridas existentes, en lugar de sanarlos.

3. **Liberación:** una parte de nuestra personalidad se ha liberado y ya no está sujeta a ninguna fuerza de bloqueo. Podemos vivir la forma adulta y madura de ella, y expresarla de un modo que se corresponda con nuestro verdadero ser y con el propósito de nuestra alma.

Por último, es importante hacer realidad la tercera posibilidad: desarrollar las distintas partes de nuestra personalidad, de tal modo que podamos experimentarlas en estado adulto. Este es el requisito previo para salir de todas las relaciones y patrones de relaciones tóxicas y de encontrar otras que nos nutran, nos hagan bien y nos enriquezcan.

A continuación, se resume cómo se expresan las dos primeras posibilidades, si una parte de la personalidad aún no se ha desarrollado, sino que se ha inhibido, o si estamos experimentando la forma compensada.

- **Asertividad real:**
  Inhibición: débil en la aplicación
  Compensación: agresor

- **Aptitudes económicas:**
  Inhibición: pobreza, falta de dinero
  Compensación: riqueza

- **Aptitudes sanas de comunicación:**
  Inhibición: inhibición del habla
  Compensación: hablador constante, charlatán

- **Vivir nuestra propia identidad:**
  Inhibición: se deja cuidar
  Compensación: cuida a los demás

- **Sana seguridad en sí mismo:**
  Inhibición: docilidad
  Compensación: ostentación

- **Capacidad de análisis y autocrítica:**
  Inhibición: siempre es criticado
  Compensación: el crítico

- **Gusto y estilo propios:**
  Inhibición: sin estilo personal, falto de estilo
  Compensación: aspecto especialmente elegante

- **Capacidad de control sobre sí mismo:**
  Inhibición: el oprimido
  Compensación: el opresor

- **Capacidad de crear felicidad para sí mismo:**
  Inhibición: dependencia de la felicidad de los demás
  Compensación: patrón que ayuda a los demás a alcanzar la felicidad

- **Derecho propio y responsabilidad propia:**
  Inhibición: la víctima
  Compensación: siempre tiene razón

- **Capacidad de ser libre e independiente:**
  Inhibición: el conformista, "el que dice sí a todo"
  Compensación: el rebelde, lo cuestiona todo y se rebela

- **Capacidad de ayudarse a sí mismo:**
  Inhibición: el indefenso, necesita apoyo y ayuda
  Compensación: el que ayuda, síndrome del salvador

Si observas detenidamente la lista anterior, veras que la mayoría de los rasgos de la lista de inhibición y compensación corresponden a comportamientos que se dan en las relaciones tóxicas y las determinan.

Para poder expresarnos nosotros mismos y nuestra personalidad de forma madura, adulta, sana y liberada, primero debemos sanar nuestra alma. Si no lo hacemos, el camino suele ser arduo y muchos de los que antes se encontraban en el estado inhibido, simplemente pasan a la compensación. Esto usualmente se siente mejor al principio, ya que suele haber menos tensión psicológica y menos consciencia de sufrimiento y vacío interior. Por desgracia, no corresponde con el estado de liberación y no nos libra de los enredos en relaciones tóxicas y de los patrones de relaciones tóxicas. La liberación solo es posible si desarrollamos nuestra personalidad y vivimos en un estado de adultez.

TRASTORNOS DE PERSONALIDAD Y RELACIONES TÓXICAS

La psicología ha intentado, durante mucho tiempo, definir ciertos tipos de personalidad que pueden utilizarse para agrupar a las personas en categorías. Por ejemplo, el mecanismo víctima-agresor-salvador descrito anteriormente puede utilizarse para asignar los rasgos de personalidad correspondientes a las personas; o utilizando las listas de las páginas 14 a la 17, sirve para definir las estructuras de personalidad de los agresores o las víctimas en las relaciones tóxicas.

Hay muchas relaciones tóxicas generadas por personas con trastorno de personalidad narcisista.

Pero la complejidad y diversidad del ser humano se opone claramente a la mera categorización. La experiencia también nos dice que distintas personas, con rasgos de personalidad muy diferentes, pueden caer en la trampa de las relaciones tóxicas: extrovertidas e introvertidas, calladas y bulliciosas, racionales y emocionales, jóvenes y mayores, activas y pasivas.

Sin embargo, según las clasificaciones internacionales, hay ciertos trastornos patológicos de la personalidad que, debido al comportamiento resultante, conducen a relaciones tóxicas. Esto es especialmente cierto en el caso del trastorno de personalidad narcisista, que definitivamente requiere tratamiento. Las relaciones con personas que padecen este trastorno se parecen a las relaciones tóxicas en muchos aspectos. En este caso, la ayuda terapéutica es inevitable y muy necesaria.

Trastorno de personalidad narcisista

Las personas que padecen el trastorno de personalidad narcisista, comúnmente llamados "narcisistas", suplen su percepción de falta de amor y apoyo por parte de los demás mediante la exageración de su autoestima. Este trastorno no solo afecta las relaciones, sino que suele tener consecuencias de gran alcance en todos los ámbitos de la vida y en el propio entorno del narcisista.

Según los criterios para el diagnóstico del trastorno de personalidad narcisista definidos por el sistema de clasificación de la Asociación Americana de Psiquiatría (DSM-5), deben darse al menos cinco de las siguientes características para que pueda clasificarse como enfermedad mental:

1. La persona en cuestión tiene un gran sentido de su propia importancia (exagera sus logros y talentos, y espera, sin demostrarlo, ser reconocida como superior).

2. La persona se ve fuertemente influenciada por fantasías de éxito sin límites, poder, esplendor, belleza o amor ideal.

3. La persona se cree "especial" y única, y solo es comprendida o solo puede socializar con otras personas (o instituciones) especiales o prestigiosas.

4. La persona exige una admiración excesiva.

5. La persona se cree con derechos (expectativas exageradas de un trato especialmente favorable o cumplimiento automático de sus expectativas personales).

6. La persona es explotadora en las relaciones interpersonales (se aprovecha de los demás para conseguir sus propios objetivos).

7. La persona muestra falta de empatía; es decir, no está dispuesta a reconocer o a identificarse con los sentimientos y necesidades de los demás.

8. La persona suele tener envidia de los demás o cree que los demás le tienen envidia.
9. La persona muestra comportamientos o actitudes arrogantes y prepotentes.

Por la descripción de esta estructura de personalidad y la comparación con lo expuesto anteriormente sobre las relaciones tóxicas, es obvio que una relación con una persona con trastorno narcisista casi siempre contiene elementos de una relación tóxica.

> **NOTA**
> Si padeces de un trastorno de la personalidad, o sospechas que lo padeces, consulta a un médico y hazte examinar. En tales casos, la terapia es absolutamente necesaria. La comprensión del trasfondo psicológico y las soluciones presentadas en este libro pueden apoyarte en tu camino, pero sin ayuda profesional es imposible que puedas resolver tus problemas.

En el chamanismo, partimos de la base de que todas las formas de trastornos de la personalidad tienen sus causas a nivel del alma, al igual que todas las formas de conflictos y problemas interpersonales, incluidas todas las formas de relaciones tóxicas. Por tal razón, a continuación, examinaremos más de cerca el concepto chamánico del alma y la visión chamánica del mundo y del ser humano, a fin de reconocer y resolver las causas subyacentes de las relaciones tóxicas.

2

LOS PROBLEMAS Y LAS HERIDAS DEL ALMA: LAS VERDADERAS CAUSAS DE LAS RELACIONES TÓXICAS

Se puede cortar leña, hacer ladrillos, forjar hierro sin amor,
pero no se puede tratar a la gente sin amor, así como
no se puede tratar con las abejas sin precaución.

~ *León Tolstói (1828–1910)*

EL UNIVERSO CREATIVO

Si queremos salir completa y permanentemente de las relaciones tóxicas y de los patrones de relaciones tóxicas, debemos sanar nuestra alma. El alma desempeña un papel fundamental en el chamanismo. Siendo así, echemos ahora un vistazo a la consciencia y a la visión chamánica del mundo y de los seres humanos.

La consciencia humana

La estructura principal del universo es energía pura, no adulterada. Colores, tonos, sonidos, pensamientos, sentimientos, amor; todo está formado por energía. A partir de todas las formas y variantes posibles de energía, el universo teje constantemente una red multidimensional en la que se materializa nuestra realidad visible. Dentro de esta red, todo está conectado. Nuestro mundo está tejido en esta vibración esencial y en el continuo proceso creativo del universo.

Los seres humanos participamos en este proceso creativo con nuestros pensamientos, sentimientos, energías, sueños, acciones, etc. De este modo, de forma colectiva creamos nuestra realidad y nuestras relaciones, individualmente y juntos. En general, no prestamos atención a este proceso, pero cuanto más conscientemente nos relacionemos con nosotros mismos y con el mundo visible e invisible, y cuanto más claramente reconozcamos las leyes, con más poder y autonomía podremos modelar nuestra vida y nuestras relaciones. Todo es cuestión de consciencia.

> Como parte del universo, el ser humano está conectado con todo y con todos.

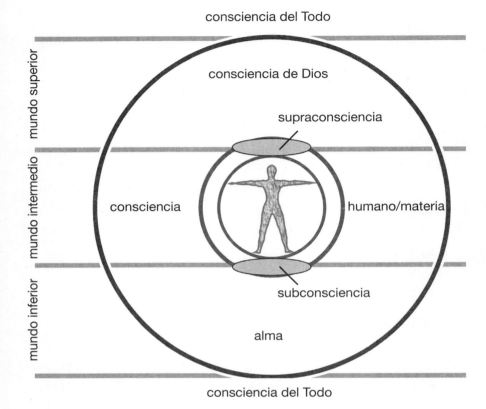

Figura 1: El modelo chamánico de la consciencia humana

El modelo chamánico de la consciencia humana consiste en tres mundos que comprenden un total de cuatro niveles. Los cuatro niveles se compenetran y entrelazan:

- La realidad ordinaria del mundo intermedio
- La realidad no ordinaria del mundo intermedio
- El mundo superior
- El mundo inferior

El mundo intermedio

El mundo intermedio se sitúa entre el inferior y el superior y se divide, a su vez, en dos niveles: la realidad ordinaria y la no ordinaria.

○ La realidad ordinaria corresponde a nuestra realidad cotidiana y a todo lo que podemos percibir en ella. Es el nivel de nuestra consciencia normal en estado de vigilia. Aquí es donde discutimos con nuestra pareja, donde nos sentimos visible y tangiblemente humillados, y donde se manifiestan todos los comportamientos y patrones tóxicos de relación.

○ La realidad no ordinaria también existe en el mundo intermedio, pero somos incapaces de captarla con nuestros cinco sentidos. Suele permanecer oculta para nosotros. Por ejemplo, si estás discutiendo con tu pareja, o si te insultan y humillan en una relación tóxica y quizás incluso te sientes culpable, esta es tu realidad cotidiana. De repente, ves un campo de energía rojo brillante que rodea a tu pareja o a la otra persona, y dentro de este campo hay una gran cantidad de puntos negros que se mueven hacia ti como flechas. Esta es la realidad no ordinaria.

○ Tendemos a catalogar estas percepciones como enfermizas, pero para los chamanes son fenómenos normales. Saben que tras el velo de lo cotidiano se esconde un mundo que suele parecer irracional al principio. Allí se encuentran la mayoría de los elementos sutiles de nuestro ser, como los chakras y el aura, que en términos chamánicos serían los centros de energía del alma y los campos de energía del alma de los seres humanos.

El mundo superior

En el mundo superior nuestra consciencia abandona las limitaciones del mundo cotidiano y visible. Nuestra supraconsciencia reside en una zona de

Los problemas y las heridas del alma

transición. Aquí, nos liberamos de nuestras limitaciones y conectamos con nuestro yo superior.

El mundo superior alberga el potencial de desarrollo del ser humano. En él está codificado nuestro plan y nuestro propósito para esta vida, con todas las inclinaciones y potenciales que hemos traído a nuestra vida en la Tierra. En el mundo superior se encuentra el maestro o espíritu guía responsable de nuestro desarrollo espiritual, junto a los seres de ayuda y apoyo que cuidan de este nivel.

Con una percepción aún más expandida, nos sumergimos en la consciencia de Dios; experimentamos la sabiduría divina y nos experimentamos a nosotros mismos como creadores de nuestra realidad.

El mundo inferior

En el mundo superior, nuestra consciencia trasciende las limitaciones de lo cotidiano y visible. Nuestro subconsciente reside en la zona de transición. Aquí, accedemos a todas las creencias positivas y negativas almacenadas en nuestro interior que influyen decisivamente en nuestra vida y nuestras relaciones, y nos sumergimos en el nivel colectivo de los arquetipos y patrones psicológicos básicos.

> Nuestra consciencia es la clave para percibir otros niveles de realidad que trascienden el mundo material.

Al expandir aún más nuestra consciencia, entramos y nos experimentamos en el terreno de nuestra alma. Accedemos a los patrones almacenados en nuestro interior, que son la causa de nuestras enfermedades y nuestras relaciones tóxicas, así como a la guía de nuestra alma.

En el trabajo chamánico, el mundo inferior corresponde en gran medida al "jardín del alma", una zona en nuestro interior que alberga nuestros arquetipos (véanse las páginas 87 a las 105). Los arquetipos simbolizan aspectos parciales de nuestra sabiduría interior.

El universo creativo

> ### Consciencia del Todo
> La Consciencia del Todo está más allá de los límites de nuestra consciencia personal. Al rebasar estos límites, todo se disuelve y nos experimentamos como una sola cosa, como amor ilimitado y como la Consciencia del Todo, más allá del espacio y el tiempo.

Este sistema abarca mucho más que nuestra visión estrecha y materialista del mundo y de la humanidad. Estos mundos invisibles se conocen desde hace miles de años; y los chamanes, por ejemplo, realizan viajes entre los distintos mundos. Todas las formas de trabajo chamánico tienen lugar en estos niveles, los cuales tienen el mismo valor.

Con una consciencia ligeramente expandida, por ejemplo, en un trance al que podemos acceder fácilmente en el trabajo chamánico, mediante un ritmo de tambor específico (página 125), accedemos a la realidad no ordinaria y también a los mundos superior e inferior.

Imagen chamánica de la humanidad

Los seres humanos somos seres compuestos de múltiples capas y formamos parte del proceso continuo de creación del universo. A través de nuestros pensamientos, sentimientos, palabras y acciones, continuamente emitimos energía y contribuimos a tejer una gran red. Por lo tanto, somos cocreadores del cuadro completo. Estamos conectados con todo lo que existe en el universo a través de hilos de energía que penetran en todo.

En la imagen chamánica de la humanidad hay cuatro áreas que componen el ser humano: cuerpo, espíritu, alma y corazón.

- Nuestro cuerpo es el vehículo en el que nos movemos por la vida.

- Nuestro espíritu, nuestra verdadera esencia, está al volante y conduce el vehículo.

Los problemas y las heridas del alma

○ Nuestra alma es el bolso de equipaje de nuestro espíritu. Contiene todo lo que necesitamos para el viaje: todas las experiencias positivas y negativas que hemos tenido, nuestra valiosa sabiduría y la conexión con nuestro origen divino, así como con nuestra propia sabiduría interior y poder creativo.

○ Nuestro corazón nos permite amar a los demás y amarnos a nosotros mismos. Nos conecta con el amor universal y actúa como transmisor y receptor de esta energía.

El nivel del alma

Generalmente, encontramos las verdaderas causas de nuestras relaciones tóxicas y patrones de relación en el nivel del alma. El alma es multidimensional y está formada por un número infinito de capas. Algunas de estas capas son de especial importancia para nuestro trabajo chamánico y para liberarnos de las relaciones tóxicas:

○ **El jardín del alma**. Accedemos a este nivel del alma mediante los viajes chamánicos del alma (véanse páginas 157 a la 159). Es el hogar de los arquetipos (véanse páginas 87 a la 105), y aquí encontramos las heridas y patrones almacenados que necesitan ser sanados para liberarnos de los patrones tóxicos en las relaciones.

○ **El campo de energía del alma incluye el aura y los centros energéticos del alma, los chakras.** Estas zonas se describen detalladamente a partir de la página 75 en adelante.

○ **La matriz del alma, la matriz del espíritu y el maestro/guía espiritual en el mundo superior.** No profundizaremos en este nivel en este libro.

Déficits del alma que influyen en nuestras vidas

Existen factores básicos a nivel del alma que pasan desapercibidos a nuestra consciencia cotidiana y que influyen de forma importante en nuestras vidas, relaciones y patrones de relación, que por desgracia suelen ser negativos y nos mantienen atrapados en relaciones tóxicas. Nos referimos a ellos como "déficits" del alma para expresar el hecho de que hay algo que nos falta. Estas carencias pueden remediarse; los déficits pueden sanarse.

A continuación, enumeramos los problemas que se plantean:

- No conocemos las principales leyes universales de la vida y, por tanto, no sabemos nada sobre las conexiones más profundas.

- Nuestro acceso emocional al amor propio y a la autoestima dentro de nuestra psique está bloqueado.

- Llevamos heridas del alma sin sanar en nuestro interior. Por consiguiente, partes de nuestra alma se han perdido y nos hacen falta.

- Llevamos en nosotros partes del alma de otras personas que ya hemos asumido, o que intercambiamos anteriormente, o tal vez durante una relación tóxica.

- Los contratos del alma que hemos hecho con nosotros mismos o con una pareja en una vida anterior, nos encadenan a relaciones tóxicas.

- En la relación de pareja, vivimos o experimentamos problemas no resueltos de nuestros ancestros.

- No tenemos acceso a la sabiduría de nuestra alma, ni a nuestros poderes internos de autosanación.

- No estamos acatando el llamado de nuestra alma, lo que significa que somos incapaces de encontrar un significado más profundo o relaciones satisfactorias.

- Los patrones de relaciones tóxicas, causados por heridas del alma, se expresan en perturbaciones y bloqueos en nuestros chakras y en nuestra aura.

- Los patrones de relaciones tóxicas, causados por heridas del alma, conducen a patrones de pensamiento y sentimiento negativos, de los que surgen creencias igualmente negativas. Esto nos mantiene atrapados en nuestras relaciones tóxicas.

En este libro examinaremos en detalle estos problemas y aprenderás a reconocerlos y a liberarte de tus influencias negativas, ya que esa es la forma de sanar nuestras almas y de crear las condiciones necesarias para mantener relaciones satisfactorias.

La necesidad de trabajar en todos los puntos de la lista depende de tu situación actual y de las heridas del alma que hayas sufrido hasta hoy. Para empezar, te sugiero que leas todo a tu propio ritmo, a fin de que puedas sentir qué resuena contigo, pues esos serán los puntos con los que deberías trabajar en la práctica.

LAS LEYES UNIVERSALES DE LA VIDA

Según la visión chamánica, y la de muchas otras escuelas espirituales de pensamiento, la vida humana se rige por leyes superiores. Los seres humanos estamos sujetos a estas leyes en todos los niveles y no podemos cambiarlas, por lo que desempeñan un papel importante en nuestras relaciones.

Las leyes cósmicas de validez universal no tienen límite de tiempo. Son principios energéticos fundamentales bajo los cuales funciona todo nuestro universo. Si examinamos con más detalle las llamadas Leyes del Destino, enseguida se hace evidente que nada se deja al azar. Esto significa que, si estamos en armonía con la voluntad divina, seremos capaces de determinar nuestro propio destino. Si conocemos estas leyes cósmicas y las tenemos en cuenta, nos llevarán de la impotencia que sentimos ante el (supuesto) azar y a la libertad de un destino que podemos controlar nosotros mismos. Las leyes más importantes relacionadas con nuestras relaciones y nuestra capacidad de relacionarnos son la Ley del Espejo y la Ley de Causa y Efecto.

> Conocer las leyes cósmicas y acatarlas nos da poder sobre nuestro destino y, por tanto, sobre nuestras relaciones.

Ley del Espejo

La Ley del Espejo, como es adentro, es afuera, afirma que todo lo que encontramos afuera, en lo que llamamos nuestra "realidad", solo refleja lo que hay dentro de nosotros. Según este punto de vista, cada encuentro y cada relación que entablamos, o en la que nacemos, refleja nuestros propios temas para con el alma.

Tal vez ahora estés sacudiendo la cabeza con indignación y preguntándote, por ejemplo, qué tiene que ver el comportamiento agresivo y manipulador de tu compañero de trabajo con tu vida interior, o el comportamiento de tu madre, que siempre se las arregla para hacerte sentir culpable y responsable de tu situación. Al trabajar honestamente con tu alma, reconocerás esas conexiones, y entonces tu propia ira reprimida o tu incapacidad para enfadarte pronto aflorarán. O te darás cuenta de que sigues atrapado en el rol de niño cuando estás con tu madre, y de que hay heridas de la infancia que aún no has sanado.

Generalmente, solo nos identificamos con nuestra parte que nos gusta e intentamos suprimir la parte oscura o dolorosa, en lugar de asumirla como propia y aceptarla. Pero nuestras relaciones tóxicas reflejan algo que está presente en nuestro interior, algo en nuestra alma que está enfermo y ha de ser sanado.

Aunque a veces no queramos admitirlo, aquello con lo que nos encontramos y con lo que resonamos siempre se relaciona con nosotros de alguna manera, y en la medida en que hayamos resuelto los problemas internos y estemos en permanente paz con ellos, esto se reflejará en nuestras relaciones y en cómo nos identificamos con el mundo que nos rodea.

En definitiva, el principio de la Ley del Espejo impulsa nuestro desarrollo como seres humanos. Cuanto menos dominemos nuestros problemas y tareas de aprendizaje, mayor será la fricción y la tensión. De las formas más polifacéticas y en los distintos niveles de existencia, atraeremos una y otra vez a nuestra vida los acontecimientos que correspondan, con cuya ayuda podemos desarrollarnos y alcanzar el equilibrio. Esto continúa hasta que analizamos en detalle, resolvemos el problema, hacemos las paces y dominamos la tarea de aprendizaje. La paz interior da lugar a la libertad interior, y solo entonces seremos verdaderos maestros. Solo entonces dejaremos de necesitar la fricción, y seremos libres de entablar relaciones satisfactorias y edificantes.

La vida nos pondrá a prueba una y otra vez. Nos confrontará una y otra vez mediante diferentes encuentros, situaciones y retos para comprobar si somos realmente libres interiormente, o solo estamos atrapados en una nueva ilusión. Una vez que hemos desarrollado una versión adulta y madura de nosotros mismos, las pruebas cesan y los problemas desafiantes desaparecen de nuestras vidas.

Con frecuencia acuden a mi consulta personas que se quejan de que, a pesar de haber aprendido tantos métodos, de haber adquirido tantos conocimientos y de haber avanzado tanto en su desarrollo, siguen surgiendo los mismos problemas en sus relaciones. Es comprensible que se sientan frustradas.

Estas personas suelen haber reconocido ya una serie de problemas, pero simplemente se han rendido muy pronto o han tomado un camino equivocado. Puede que hayan sido engañadas por un perverso boicoteador interior que les hizo creer que estaban en el camino correcto, cuando este los llevaba en una dirección completamente distinta. La voz calmada de su alma y su corazón se los sugirió, pero no la escucharon.

En el fondo, no nos importa por qué no hemos podido alcanzar nuestro objetivo hasta ahora. Y si realmente nos importa, solo tenemos que volver a ponernos en marcha, mirar con más atención y ser totalmente honestos con nosotros mismos. Esta es la única forma de reconocer por qué aún no hemos alcanzado el éxito, o hemos avanzado poco y seguimos atascados en relaciones tóxicas.

Necesitamos estrategias más eficaces, estrategias que antes habíamos rechazado, ridiculizado o temido. En ese caso, se nos invita a volver al punto de partida o al punto en el que nos equivocamos, y a buscar nuevos caminos que nos conduzcan al éxito.

Revisa tus relaciones tóxicas y tus propios patrones de comportamiento tóxico según la Ley del Espejo y hazte la siguiente pregunta: ¿Qué tipo de problema de vida se expresa en tus relaciones tóxicas?

Ley de Causa y Efecto

Podemos confiar en que todo lo que pensamos, sentimos, decimos y hacemos tiene un efecto sobre el universo, y que tarde o temprano lo experimentaremos. Esto nos convierte en cocreadores de nuestra realidad.

Aquí es donde entra en juego el concepto de karma. A menudo no somos conscientes de las causas de nuestras relaciones tóxicas y de nuestros propios patrones de relaciones tóxicas porque se remontan demasiado en el tiempo o, si introducimos el concepto de la reencarnación, porque se remontan a vidas anteriores.

Podemos estar seguros de que somos responsables de todo lo que experimentamos, pero no debemos sentirnos culpables (véase la siguiente sección). Nosotros mismos hemos sembrado la semilla y ahora se trata de asumir la responsabilidad. En el sentido más estricto de la palabra, la vida quiere saber cuál es nuestra respuesta, una respuesta que nos sane y nos saque de las estructuras tóxicas, o una respuesta que nos mantenga atrapados en nuestro dilema.

Revisa tus relaciones tóxicas y tus propios patrones de comportamiento tóxico según la Ley del Espejo y pregúntate lo siguiente:

○ ¿Tienes algún recuerdo o idea sobre las causas subyacentes de tus relaciones tóxicas?

○ ¿Hasta qué punto has contribuido a ello con tus pensamientos, sentimientos y acciones? ¿Eres consciente de que has contribuido a esta situación?

Aclara por ti mismo si estas causas siguen activas y si es necesario cambiar tus pensamientos, sentimientos y acciones para liberarte de los patrones de relaciones tóxicas.

La culpa y la responsabilidad

Si estás involucrado en relaciones tóxicas y te culpas a ti mismo en secreto o en voz alta, por favor olvídalo cuanto antes. No se trata de averiguar quién tiene la culpa. Los sentimientos de culpa o las recriminaciones no nos llevan a ninguna parte. El concepto de culpa es una creación del hombre. Tiene muchas funciones sociales y, sobre todo, nos hace sentir pequeños y nos saca de nuestro poder creativo.

Para liberarnos del círculo vicioso de las relaciones tóxicas, tenemos que poner toda nuestra energía en resolver y sanar las causas subyacentes, en lugar de agonizar con cuestiones de culpabilidad.

Se trata de reconocer las verdaderas causas y sanarlas dentro de uno mismo.

Es importante reconocer la situación y comprender su mensaje en profundidad para luego realizar los cambios pertinentes en nuestras vidas, patrones de pensamiento y relaciones. Esto significa que nos hacemos responsables de nosotros mismos, y eso es lo que realmente funciona.

Necesitamos soluciones poderosas y duraderas para no volver a caer una y otra vez en los mismos patrones destructivos de autodesprecio, enganchados a personas que no nos respetan y que solo abusan de nosotros para satisfacer su propia personalidad narcisista, su propia alma enferma.

La responsabilidad nos ayuda a cambiar nuestros patrones de relación. La culpa lo impide. Hazte la siguiente pregunta:

○ ¿Te sientes culpable?

○ ¿Te sientes a merced de tus relaciones tóxicas?

○ ¿Asumes la responsabilidad de ti mismo y de tus relaciones?

El destino y las coincidencias

Los chamanes no creen en las coincidencias. Asumen que no conocemos a las personas con las que nos identificamos por mera casualidad y que estos encuentros tienen lugar por una razón específica. Como ya se ha explicado, todo lo que ocurre sigue unas leyes determinadas, por lo que no podemos cambiar nuestro plan básico, nuestra tarea de vida y nuestro propósito (páginas 45 a la 49). Sin embargo, de ninguna manera estamos a merced de todo ello. Según la creencia chamánica, somos responsables de cómo se desarrollan nuestras vidas y relaciones; de si nos vamos a rendir pasiva, débil e impotentemente a lo que suceda; o si vamos a vivir de forma poderosa, saludable y activa, según nuestro propio poder creativo para dar forma a nuestras relaciones.

EL LLAMADO DE NUESTRA ALMA

El hecho de que hayamos encarnado aquí en la Tierra obedece a una lógica inherente al alma y tiene un significado muy profundo que nuestra alma conoce; y nos recuerda, una y otra vez, que hemos vinculado propósitos particulares con nuestra vida. Al vivir en relación con otras personas, experimentamos el espejo externo que necesitamos para ver hasta qué punto estamos llevando a cabo el propósito de nuestra alma.

> La vida significa desarrollo. Nosotros podemos decidir la forma en que se desenvolverá.

En buena medida, tenemos el control para resistirnos firmemente a nuestro propósito de vida más profundo y vivir con sufrimiento y dolor; o acatar el llamado de nuestra alma y crecer en armonía con la vida, llenos de alegría y amor. Para ello, es necesario comprender el sentido de nuestra existencia. Así podremos alinear nuestra vida y nuestros objetivos como corresponde, evitar el camino equivocado y liberarnos de patrones tóxicos.

El significado de la existencia humana

Si sabemos por qué estamos en este mundo y vivimos atendiendo al llamado del alma, nos resultará mucho más fácil experimentar nuestra vida con claridad y alegría, sin tener que adquirir experiencia a través del sufrimiento constante. Sin embargo, no es sino cuando nos enfrentamos a decisiones existenciales, o nos encontramos en medio de una transición, ante el nacimiento de un hijo, tras la muerte de un ser querido, en situaciones muy traumáticas o que nos ponen en peligro, cuando surge la gran pregunta sobre el sentido de la vida.

Hasta que entendamos por qué la vida vale la pena, es posible que nos aferremos a nuestras relaciones tóxicas porque nos da miedo no poder contar con nada más y quedarnos solos. En general, quienes desarrollan una actitud abierta y confían en la vida, pueden salir mucho mejor del limitado espacio de consciencia en el que se encuentran e integrar nuevas experiencias. Los que se dejan dominar por sus miedos y dudas, solo se aferran a sobrevivir en su zona de confort. Esto puede resultar muy limitante y convertirse en una prisión insoportable.

Preguntas acerca del significado

- ¿Sabes por qué estás en este mundo?
- ¿Ves un propósito en tu vida?
- ¿Reconoces un significado más profundo en todos tus encuentros y relaciones con otras personas y en las situaciones y retos que te presenta la vida?

Los pueblos y tribus indígenas que aún siguen integrados en los ciclos naturales de la existencia, suelen tener una idea clara del significado de su existencia a través de sus tradiciones, mitos e historias sobre la creación. Se sienten conectados a los ritmos de la naturaleza y no cuestionan las necesidades fundamentales. Partiendo de la autopercepción que tienen los pueblos indígenas y las escrituras religiosas, así como de los problemas, déficits y enfermedades de las sociedades occidentales modernas con objetivos más bien cuestionables y destructivos, es posible crear una imagen que describa el sentido de la existencia desde un nivel superior.

Todos estamos aquí para:

- desarrollarnos aún más y desarrollar nuestras almas;
- dominar nuestra tarea de vida personal;
- cumplir nuestra tarea transpersonal en la vida como guardianes de la Tierra;

Los problemas y las heridas del alma

- ○ reconocer el amor incondicional en todo e irradiarlo hacia el exterior;

- ○ reconocer y vivir nuestra visión y misión de vida en todo esto;

- ○ celebrar la vida;

- ○ expandir permanentemente nuestra consciencia hasta volver a estar iluminados y sentirnos acogidos en la Consciencia del Todo.

Las relaciones en todos los ámbitos de nuestra existencia sirven para comprender este propósito de vida en todas sus facetas. Sin embargo, para ello necesitamos relaciones que nos apoyen y nos nutran en nuestro camino y en nuestras tareas. Son relaciones que nos dan el espacio que necesitamos para desarrollarnos por un lado y, por otro, asumir las tareas de vida que nuestra alma ha traído consigo, hacer realidad estas tareas, entregarlas al mundo y enriquecer la vida con ellas.

> El sentido de nuestra existencia también se expresa a través de nuestras relaciones.

Debemos evitar caer en el egoísmo puro y satisfacer sin miramientos nuestras propias necesidades y deseos. Necesitamos adoptar una posición soberana, similar a la de un rey o una reina, desde la que seamos capaces de servir. Necesitas saber quién eres realmente para poder servir a la vida desde una posición de fuerza interior, amor y poder creativo. De este modo, los patrones tóxicos pierden su poder y todo prospera y crece en amor y conexión en beneficio de todos los seres.

Por lo tanto, necesitas tener claro qué significan para ti tus relaciones, y cómo quieres darles forma para que te sirvan a ti y a todos los implicados.

Viajero a través del espacio y el tiempo

Todos estamos en un viaje a través del espacio y el tiempo y ya hemos adquirido mucha experiencia. Nos encarnamos una y otra vez en la Tierra para progresar en nuestro desarrollo, para familiarizarnos con las muchas facetas de la vida y el amor, y para volver a casa en algún momento; a casa, a la unidad, a nuestro hogar divino, al amor puro y prístino, a la Consciencia del Todo.

Nuestras relaciones son un reflejo de dónde nos encontramos actualmente y cómo nos va con respecto a nuestro propósito en la vida. Si estamos en el camino de comprendernos a nosotros mismos y al propósito de nuestra alma en el amor, esto también se reflejará en nuestras relaciones.

> En cada nueva encarnación adquirimos nuevas experiencias. Nuestras relaciones nos ayudan a progresar en nuestro desarrollo.

Nuestra tarea de vida personal

Nuestra alma ha tenido muchas experiencias positivas y negativas en su viaje a través de sus distintas encarnaciones. La tarea individual que nos proponemos en esta vida está relacionada con todas las experiencias que hemos tenido hasta ahora. Y, por supuesto, se expresa en la forma en que nos relacionamos con el mundo y con la vida.

Todos los encuentros y relaciones que entablamos a lo largo de nuestra vida tienen, por tanto, el propósito más profundo de apoyarnos en esta tarea y mostrarnos dónde nos encontramos en este momento. La vida quiere recordárnoslo y nos sacude para que despertemos.

La vida nos plantea estas importantes preguntas sobre nuestra tarea personal:

- ¿Por qué has venido a este mundo?
- ¿Qué quieres aprender y perfeccionar en esta vida para tu propio desarrollo personal?
- ¿Actúas desde el más profundo amor?
- ¿Realmente enriquece y aporta al mundo lo que has traído contigo?

Nuestra tarea de vida transpersonal

Todos pertenecemos a la especie humana, y así como existe una tarea personal para cada individuo, también hay una tarea común para todos los seres humanos. Los chamanes se refieren a esto como "ser guardianes de la Tierra". Si vemos el mundo exterior, cabe preguntarnos: ¿De qué manera cuidamos y protegemos al mundo, la naturaleza y la creación? ¿No es más acertado decir que, en nuestro egoísmo colectivo e ilimitado, estamos explotando y abusando de toda la creación? Nuestra codicia por tener siempre más no se detiene ante nada ni nadie. Y todos estamos implicados en esta locura a través de nuestra actitud. El propósito de nuestras relaciones en este contexto es permitirnos trabajar juntos en esta tarea.

La vida nos plantea estas importantes preguntas sobre nuestra tarea transpersonal:

o ¿Estás al servicio de la vida o de tu propio egoísmo?

o ¿Eres un guardián o un explotador?

o ¿Estás en armonía con los ritmos naturales de la vida?

o ¿Estás al servicio de la vida, del mundo y de la naturaleza, o te comportas como un parásito?

o ¿Tu sentimiento por la creación es de amor y devoción?

Amor

El amor no es racional y, por ende, no puede ser entendido ni explicado por la mente racional; tampoco sigue ninguna lógica, es simple. Se nos pide que miremos con el corazón, no con la mente. A través de la auténtica y profunda sabiduría del corazón y de una visión sincera, se disuelven todas las contradicciones e incoherencias, y se funden de nuevo en lo que en el fondo son: una expresión de

> El amor es el material del que está hecho todo; la creación, el universo, todo lo que existe.

la vida y el amor que está detrá: de todo y lo impregna todo. El amor es el principio básico de la creación y de este universo.

El amor nos lleva a la libertad interior y a la expansividad, a la fusión y disolución del "yo". No es algo que realmente se pueda dar o recibir porque en su verdadera forma, simplemente está ahí, ilimitado e infinito. Está disponible para todos los seres porque es la sustancia básica de todo. ¡SOMOS AMOR!

Si nuestra consciencia acerca de esto fuese omnipresente, y si fuésemos capaces de captar toda su extensión, entonces podríamos sentir un amor inmediato y sin límites. No existe nada que no esté hecho de amor, aunque en su forma de sombra nos pueda parecer a veces distorsionado y maligno.

Por otra parte, el amor encuentra su expresión en nuestras relaciones y a través de estas. Si interiorizamos el principio del amor, automáticamente nuestras relaciones se vuelven más amorosas.

La vida nos hace estas preguntas en relación a este tema:

o ¿Ves el amor universal en todo?

o ¿En qué aspectos de tu vida estás en modo de juicio y, por tanto, de separación?

o ¿En qué aspectos de tu vida puedes amar incondicionalmente?

Tu visión y misión

A partir de todo lo anterior, crece tu visión personal de la vida en sus diferentes aspectos. Podríamos oír una voz serena en nuestro interior que, si seguimos con confianza, nos muestra el camino hacia nuestra visión.

Desde esta visión podemos desarrollar nuestra misión personal y ponerla en práctica. Enriquecemos al mundo, a los seres humanos, a la creación y a nosotros mismos con todo lo que hemos traído. Nos convertimos en servidores de la vida y del amor. ¿Y dónde se expresa esto mejor y de forma más evidente? En nuestras relaciones, por supuesto.

La vida nos hace estas preguntas sobre nuestra visión y misión:

- ○ ¿Cuál es tu visión de la vida?
- ○ ¿Cómo estás convirtiendo tu visión en misión?
- ○ ¿Vives amorosamente tu misión en el mundo?

Celebrar la vida

La vida se convierte ahora en una celebración. Mediante el conocimiento profundo de nuestra tarea, del sentido de la vida y nuestro objetivo, convertimos todos los encuentros y relaciones en una celebración de la vida y el amor. Ya no tenemos que emplear tácticas, engañar, manipular y sufrir desde la posición herida del ego, sino que somos capaces de entregarnos por completo a la vida. Nuestro viejo ego herido arde en el fuego de la transformación y abre espacio para lo que siempre hemos sido, somos y seremos: energía pura, amor puro e incondicional.

Cuando conocemos el significado de nuestra existencia y nuestra visión, podemos celebrar la vida y amar.

Ya no atraemos a personas tóxicas porque hemos sanado nuestras propias estructuras nocivas y nuestros déficits del alma. Llegados a este punto, la vida ya no hace más preguntas y, al trascender todas las cuestiones pendientes, encontramos la respuesta en nosotros mismos: AMOR.

La meta de expandir nuestra consciencia para alcanzar el estado de iluminación

El cristianismo enseña que después de la muerte, si hemos vivido correctamente, regresaremos a Dios, al Paraíso, que se describe como un lugar de felicidad y unidad.

En el budismo y el hinduismo, la iluminación se considera el gran objetivo del ser humano. Este estado puede alcanzarse a lo largo de la vida y se describe como una inmersión en la Consciencia del Todo, en la que todas las limitaciones se disuelven y volvemos a experimentarnos en unidad y amor infinito.

Nuestro ego, al que normalmente nos aferramos con tanta fuerza, se disuelve y nos sumergimos en la dicha.

Cada persona decide dónde poner su energía en la vida y qué es lo que realmente le interesa.

> Podemos decidir qué es realmente importante para nosotros y a partir de ahí organizar nuestra vida.

Sin embargo, desde la perspectiva de nuestra alma, si no dejamos de centrarnos en cosas sin importancia y dejamos de malgastar nuestra energía en relaciones tóxicas en vez de expandir nuestra consciencia, no debería sorprendernos que no podamos experimentar un sentido más profundo de la vida y acabemos sintiéndonos vacíos, fundidos, exhaustos, enfermos y atrapados en estructuras tóxicas.

Si, en cambio, nuestra vida está en armonía con el propósito de nuestra alma y con aquello por lo cual sentimos pasión interior, entonces tendremos algo por lo que merezca la pena vivir y estaremos dispuestos a darlo todo.

Así, pues, también podemos considerar la vida y todas nuestras relaciones como el campo de juego en el que se nos exige que expandamos, constantemente, nuestra consciencia. Ciertamente esto no ocurre a través de la acumulación de conocimiento, sino a través de la sabiduría. La verdadera expansión de la consciencia está libre de cualquier motivo egoísta. En relación al todo, abre el espacio en el que nos sentimos verdaderamente en casa: la ilimitada Consciencia del Todo.

Desde el punto de vista chamánico y espiritual, el único propósito del tiempo que tenemos por delante es superar todo lo que nos separa y nos limita, hacer las paces con nosotros mismos y con toda la creación, ser uno con todo lo que existe, sumergirnos finalmente en la consciencia ilimitada una vez más o, en otras palabras, desplegar todo nuestro potencial humano y volver a casa como seres iluminados.

Vacío interior

Helena, de 41 años, se había separado de nuevo de su pareja. Nos contó que llevaba toda la vida buscando al amor de su vida. Hasta ahora, sin embargo, sus relaciones habían sido siempre relativamente cortas, y todas habían seguido el mismo patrón. Al principio, Helena tenía la sensación de que por fin había encontrado a la pareja de sus sueños, pero esta no tardó mucho en cambiar de actitud, retraerse, insultarla y tratarla despectivamente.

Al someterse a un historial médico, rápidamente se descubrió que todas sus relaciones anteriores habían contenido elementos tóxicos. Helena había terminado todas sus relaciones muy decepcionada y había vuelto a salir en busca de la pareja de sus sueños.

Helena tenía pocos amigos y ninguna afición. No sabía por qué estaba aquí en la Tierra, ni qué le gustaba hacer o cómo podía dar sentido a su vida si no era a través de las relaciones. A partir de este sentimiento de vacío interior, proyectó todas sus esperanzas de encontrar la felicidad y el sentido en una relación con un hombre.

En las terapias, pronto se hizo evidente que de pequeña había tenido mucha imaginación y que rebosaba de ideas. Pero sus padres le habían dado poco espacio. Se esperaba que Helena funcionara dentro del estrecho marco en el que vivían sus padres. "Puedes olvidarte de todas esas tonterías", solían decirle. Aprendió a funcionar de acuerdo con las ideas de sus padres, y las adoptó sin darse cuenta de sus propios impulsos que, como resultado, se fueron atrofiando poco a poco.

Trabajamos intensamente en la búsqueda de sentido, así como en descubrir y reconocer lo que podía aportarle alegría profunda y sincera. Así, abordamos también la cuestión de su tarea de vida. Cuanto más se descubría Helena a sí misma y se daba cuenta de que podía llevar una vida con sentido sola, y cuanto más acataba el llamado de su alma, menor era su deseo, antes abrumador, de conseguir la pareja soñada.

Helena dejó de proyectar todas sus expectativas de una vida feliz como pareja. Esto eliminó la presión que le causaba pensar que su felicidad dependía de un hombre, y se abrió a nuevos modelos de relación e ideas para disfrutar de una relación realmente enriquecedora.

EL AMOR PROPIO Y LA AUTOESTIMA

A nivel energético, el corazón es la zona que nos conecta con el amor, con el amor propio, con el altruismo y con el amor universal.

Nuestro propósito en la vida es, entre otras cosas, encontrar el camino de vuelta al estado de amor, y actuar en consecuencia. Con demasiada frecuencia nos olvidamos de la persona más cercana a nosotros: nosotros mismos. El amor propio es fundamental para salir de las relaciones tóxicas. Mientras no nos tomemos en serio a nosotros mismos y a nuestras necesidades reales, y nos amemos y aceptemos, siempre atraeremos a nuestra vida a personas que reflejarán ese rechazo hacia nosotros mismos.

Si nos tratamos mal, rechazamos partes de nosotros mismos, nos rebajamos constantemente con nuestros pensamientos, nos reprendemos, nos insultamos y criticamos nuestras supuestas debilidades. ¿Por qué no esperar que nuestra pareja, amigos, colegas y nuestra familia hagan exactamente lo mismo? Pensar que los demás deberían amarnos incondicionalmente y tratarnos con estima, respeto y dignidad, contradice toda lógica cuando nosotros mismos nos rechazamos y, en la práctica, quedamos atrapados en una relación tóxica con nosotros mismos.

El amor propio es siempre el primer paso hacia un altruismo pleno y auténtico, hacia unas relaciones gratificantes y, en definitiva, hacia un amor universal que ame sin límites toda la creación.

El amor propio no significa tolerar todo lo que no te gusta de ti y de tu forma de actuar o de pensar. Se trata más bien de aceptar y reconocer amorosamente lo que hay. Sobre esta base es posible el cambio, lo que nos permite trabajar sobre nosotros mismos y nuestros patrones de relaciones tóxicas.

Entonces, surge la pregunta: ¿Realmente consideras que merece la pena liberarte de tus relaciones tóxicas y de tus patrones de relaciones tóxicas?

Egoísmo versus amor propio

En nuestra sociedad se confunde frecuentemente amor propio con egoísmo, aunque no tengan nada que ver el uno con el otro. Como ya se explicó en la página 20, el ego surge de las lesiones de nuestra alma. Cuanto más graves sean las heridas y más crezca nuestro ego, más se desvanece el recuerdo de nuestro origen divino. Nos sentimos separados y ya no tenemos ninguna conexión con el amor universal.

También perdemos la capacidad de amarnos a nosotros mismos, por lo que nuestro ego toma el control e implanta estrategias sustitutivas, como la búsqueda de reconocimiento, influencia, riqueza y fama, o intenta suprimir y manipular a otras personas mientras trata de superar el sentimiento de separación y soledad. No muestra ninguna consideración por las necesidades y los sentimientos de los demás. Sus acciones y comportamientos son egoístas y solo buscan satisfacer sus propias necesidades, sin alcanzar nunca su objetivo. Estas estructuras egoístas las encontramos ancladas en prácticamente todas las relaciones tóxicas.

> El ego intenta compensar la falta de conexión con el amor universal a través de estrategias sustitutivas.

Por sofisticada que sea, ninguna estrategia sustitutiva de la conexión perdida con el amor universal puede tener éxito. La única forma de superar esta separación es volver a conectar con la fuente original del amor. Podremos acumular riquezas, rodearnos de personas exitosas, alcanzar el máximo rendimiento, anestesiarnos con sustancias adictivas, manipular y explotar a otras personas, pretender que somos más grandes y que los demás son más pequeños, pero el vacío en nuestro interior siempre reaparecerá, hasta que emprendamos el camino de la sanación y volvamos a conectar con la divinidad que hay en nuestro interior.

El auténtico amor propio

El verdadero amor propio se basa en nuestra conexión con la efervescente Fuente que llevamos dentro, que nos conecta con nuestro verdadero origen y, a través de este, con el amor universal. Al mismo tiempo, necesitamos un corazón abierto y valiente que nos permita sentir, experimentar y transmitir el amor verdadero.

Al ser capaces de sentir el verdadero amor propio, automáticamente dejamos de sentirnos insignificantes, culpables, imperfectos e inferiores. Ya no necesitamos ser mejores que los demás. Podemos poner fin a la competencia y permitirnos ser simplemente quienes somos en este preciso instante, y amarnos a nosotros mismos con todos nuestros presuntos defectos y carencias. Podemos aceptarnos y querernos con todos nuestros defectos físicos y mentales. Lo que antes no nos gustaba de nosotros, ahora se le permite ser, se le da su sitio, y estamos en paz y amándonos a nosotros mismos sin tener que luchar o rechazar nada.

Esto no significa que tengamos que aceptar todo lo que nos gustaría que fuese diferente. Pero, precisamente aceptando fundamental y amorosamente, en lugar de peleando, es como creamos las condiciones para un cambio real y duradero. Ya no tenemos que malgastar nuestra energía en una batalla inútil contra nuestros defectos, ni gastar energía intentando cumplir expectativas inhumanas que nos vienen desde afuera. Podemos concentrarnos en nuestros puntos fuertes, fomentarlos y desarrollarlos.

> Aceptar amorosamente y reconocer las cosas tal como son, permite el cambio y abre la puerta al amor propio.

El amor propio acaba con el diario batallar con nosotros mismos. Abre la puerta a nuestras verdaderas necesidades y nos ayuda a redescubrir nuestro sentimiento original hacia nosotros mismos, nuestro cuerpo, nuestra mente y nuestra alma. Esto nos permite tratarnos con amor y desarrollar estrategias que realmente nos nutran, nos apoyen y nos animen.

Sentimos lo que realmente nos hace bien, cuánto necesitamos dormir, qué tipo de comida proporciona a nuestro cuerpo el alimento óptimo y qué tipo de nutrición necesita nuestra mente. Nos rodeamos de personas que nos quieren por lo que somos, que son honestas con nosotros y que no nos adulan solo por motivos egoístas. Nos tomamos tiempo para nosotros mismos y creamos una vida auténticamente nuestra. Somos libres e independientes de las opiniones de los demás y obedecemos a la sabiduría que llevamos dentro y a la voz de nuestro corazón.

Respeto y aprecio

Si todos estuviéramos en un estado de amor y de apertura del corazón, también seríamos capaces de respetar y apreciar de manera auténtica la creación. Ya no tendríamos que actuar con desprecio hacia los demás, sin respetar sus opiniones, puntos de vista y necesidades. Podríamos tratar a todos los seres, incluyendo animales y plantas, con buena voluntad y pleno respeto a su individualidad. Ya no tendríamos que ponernos por encima de los demás para sentirnos mejor. Podríamos comunicarnos con otras personas y con toda la creación en igualdad de condiciones. Y como sabemos quiénes somos y nos amamos, honramos y respetamos de forma incondicional, simplemente ya no sentimos la necesidad de ser mejores que nadie. Abandonamos la mentalidad competitiva y nos regimos por la voz de nuestro corazón, porque lo merecemos.

Perdón y olvido

Lamentablemente, nuestros corazones suelen estar cerrados y no sentimos amor, sino miedo, odio, ira o rechazo. Puede que nos hirieran o rechazaran frecuentemente durante la niñez, o quizá trajimos estos problemas con nosotros a esta vida, o puede que nos hayan decepcionado repetidamente cuando queríamos abrirnos a los demás o al mundo con amor.

Y para evitar que nos siguieran haciendo daño y sentir ese dolor casi insoportable, nos aislamos. Nos separamos del amor que llevamos dentro y lo enterramos debajo del miedo, el resentimiento, la ira y el rechazo.

Sin embargo, esto no significa que el amor haya desaparecido. La buena noticia es que no hace falta que trabajemos para conseguirlo o ganárnoslo

Los problemas y las heridas del alma

de alguna manera. El amor es el principio básico y la energía fundamental que hay detrás de todo. Siempre está ahí y también en nosotros, a pesar de que hayamos perdido el acceso a él. La clave para recuperar el acceso al amor es perdonar y olvidar. Se nos pide que perdonemos a quienes nos han hecho daño y que pidamos perdón a quienes hemos lastimado. Es esencial no olvidarnos de nosotros mismos en el proceso. Claro está que también tenemos que perdonarnos a nosotros mismos.

> El amor siempre está ahí; podemos volver a acceder a él en cualquier momento. La clave está en perdonar y olvidar.

Mientras no podamos perdonar y olvidar, seguiremos atrapados en energías negativas y no tendremos espacio en nuestros corazones para el amor que desea aflorar.

Exigencia excesiva y falta de reconocimiento

Anja, de 44 años, recurrió a la terapia porque sentía que "ya no podía más". Naturópata exitosa, estaba al borde del agotamiento por estrés. Un vistazo a su historial médico reveló que Anja se había sobrecargado de trabajo durante años sin darse cuenta; simplemente había aceptado sus responsabilidades como algo natural.

Estaba casada con un prestigioso abogado y tenía dos hijos, entonces de 15 y 17 años. Vivía en una casa con piscina, donde cuidaba de su suegra desde hacía varios años. Mientras sus hijos cursaban la escuela primaria, ella había ido creciendo en su práctica profesional. Al menos había contratado a una señora para que se encargara de las labores de limpieza, pero ella misma seguía encargándose de todas las demás tareas de la casa y el jardín.

Los hijos de Anja y su marido nunca se habían ofrecido a colaborar en las tareas de la casa y la trataban despectiva e irrespetuosamente, más como a una empleada que como otra cosa. Su marido incluso le había propinado varias palizas. Era propenso a los arrebatos de ira si las cosas no estaban perfectas cuando llegaba a casa. Su suegra, que requería cuidados, estaba descontenta todo el tiempo y la regañaba constantemente.

Durante años, Anja había estado ocupada trabajando, cuidando, organizando, cocinando, atendiendo el jardín, haciendo las compras, ayudando a sus hijos con los deberes escolares, etc., todo ello sin ningún reconocimiento por parte de su familia. Mientras tanto, su práctica profesional marchaba con bastante éxito. Aquí también aparecían pacientes que no apreciaban su trabajo y la insultaban y maltrataban cuando pedía una retribución adecuada por sus servicios.

Durante las sesiones chamánicas, pronto quedó claro que Anja no tenía acceso al amor propio. Había crecido sin amor ni reconocimiento y había interiorizado profundamente la idea de que tenía que ganarse ambos. Había organizado toda su vida según este patrón y había ignorado sus propias necesidades, su salud y sus límites.

Anja comprendió que no podía seguir así. Trabajamos intensamente sobre su infancia, sus carencias afectivas, las expectativas exageradas de sus padres y las heridas emocionales que la habían llevado a perder el acceso al amor propio. Después de ocuparnos de las heridas del alma, reabrimos este acceso.

Anja comenzó a reconocer sus necesidades y a reconocerse a sí misma una vez más. Cuando por fin explicó a su familia que a partir de ahora todos tendrían que ocuparse de la comida, la casa y el jardín, y que contrataría a una cuidadora para su suegra, al principio todos le echaron en cara que era una egoísta. Pero Anja ya no podía dejarse manipular. Escuchó la voz de su corazón, creó más tiempo y espacio para sí misma y, al hacerlo, creó las condiciones para sanar su agotamiento.

LESIONES DE ALMA

El alma desempeña un papel central en el ser humano, no solo en la visión chamánica del mundo. Desde nuestro bienestar, el disfrute de la vida y nuestra salud, la razón de vivir y hasta nuestras relaciones y patrones de relación, los seres humanos no podemos existir sin un alma; y las lesiones que en ella habitan pueden tener serias consecuencias en nuestras vidas. Si sanamos el alma, creamos las condiciones para una vida y unas relaciones felices y plenas.

Partes perdidas del alma

Las pérdidas en el alma o, más exactamente, las pérdidas de partes en el alma, siempre se refieren a una pequeña sección de ella. Imagina el alma como una esfera. Si ocurre algo contrario a su intención, una pequeña parte del alma, junto con su energía, se separa de esa esfera. En principio, se trata de un mecanismo inteligente, ya que protege su energía general. La mayoría de las partes del alma que se separan, vuelven al sistema general por sí solas al cabo de poco tiempo, cuando desaparece la causa de las pérdidas.

Sin embargo, si la lesión de esta parte del alma es demasiado grande, o el recuerdo del acontecimiento causal es demasiado traumático, la parte queda separada y su energía deja de estar disponible para el sistema en su conjunto. Esto crea un vacío energético que puede manifestarse a nivel físico, psicológico o espiritual en forma de síntomas y enfermedades. A nivel de nuestras relaciones interpersonales, esta brecha se manifiesta en forma de falsas expectativas, proyecciones y anhelos, y de patrones de relaciones tóxicas tanto con uno mismo como con los demás, según la Ley del Espejo (véase páginas 45).

Las pérdidas en el alma pueden ser provocadas por cualquier tipo de experiencia traumática, como un shock, un accidente, estrés psicológico grave o la pérdida de un ser querido. Las pérdidas en el alma pueden producirse en el propio útero, cuando la madre, el padre o ambos progenitores están expuestos a un fuerte estrés o cuando el niño es rechazado. El alma también puede cargar con problemas kármicos no resueltos. Pero incluso acontecimientos que puedan parecer menos graves a primera vista, pueden conducir a pérdidas en el alma, y solemos no recordarlos. Si estamos expuestos por mucho tiempo a circunstancias traumáticas para nosotros y nuestra alma, como permanecer en una relación tóxica, esto también puede provocar una o incluso varias pérdidas en el alma.

> Las lesiones del alma casi siempre conducen a una pérdida de partes en ella. Cuando somos conscientes de las causas y las sanamos, volvemos a vivir en plenitud.

Todas las almas buscan la perfección, la plenitud y la salud. Cuanto más se aleje una persona de esto, más probabilidades tendrá de que ese alejamiento de la creación se manifieste como una pérdida de partes en el alma, y posteriormente se exprese en síntomas físicos, mentales, emocionales o en estructuras de relación.

Solo cuando reconocemos las causas de las pérdidas en el alma y hacemos las paces con ellas, las partes que se han separado pueden volver o ser recuperadas. La plenitud que se recupera a nivel del alma es el prerrequisito para hacer cambios en todos los demás niveles de la existencia humana, así como para llegar a estar más sanos, más felices y más satisfechos y, como resultado, tener relaciones acertadas y enriquecedoras.

Partes del alma de otras personas

A veces puede ocurrir que, consciente o inconscientemente, adoptemos partes del alma de otras personas u otros seres vivos. Nos encontramos principalmente con dos variantes:

Los problemas y las heridas del alma

- **Intercambio "voluntario"** de partes del alma con personas cercanas o incluso con seres vivos, como mascotas queridas. Esto ocurre, por ejemplo, en los matrimonios que están muy unidos y cuyas almas dialogan constantemente entre sí. Desgraciadamente, esto no solo se aplica a las relaciones armoniosas y amorosas, sino también a las tóxicas y emocionalmente estresantes.

- **Adopción "accidental"** de partes separadas en el alma de otras personas o seres vivos que utilizamos inicialmente para cubrir un déficit del alma actual. Esto ocurre, por ejemplo, cuando nos encontramos en situaciones excepcionalmente emocionales, como el duelo, la ira o el estrés, o cuando no estamos bien protegidos energética y emocionalmente. En ambos casos, llevamos en nuestro interior energías ajenas que influyen en nosotros y se despliegan en nuestro sistema. Al igual que ocurre con la pérdida de partes en el alma, esto puede provocar a su vez una amplia gama de síntomas, tensar nuestras relaciones y manifestarse como patrones de relaciones tóxicas.

Contratos del alma que nos bloquean

Es posible que hayas hecho contratos del alma contigo mismo o con otras personas. Pueden haber surgido en esta vida, pero a menudo son acuerdos vinculantes dentro de nuestra psique que se extienden a lo largo de muchas encarnaciones. En este caso también nos encontramos principalmente con dos variantes:

- **Contratos del alma entre dos o más personas**. Las formas de expresión positivas y negativas con carácter vinculante dan lugar a nexos unilaterales o recíprocos dentro de nuestra psique. Pueden encontrarse en afirmaciones como "te amaré por siempre" o "te odiaré por toda la eternidad". Pueden llegar a estar tan arraigados que actúan como un contrato al que están obligados todos los implicados. Deben cumplir su parte de este acuerdo hasta que se resuelva. A menudo entablamos

Lesiones de alma

relaciones con personas a las que todavía estamos ligados por un antiguo contrato del alma, por ejemplo, en encarnaciones anteriores.

○ **Contratos del alma con uno mismo.** Si hacemos afirmaciones interiores como "nunca volveré a enamorarme", "nunca volveré a confiar en otra persona" o "nunca volveré a ser feliz" en situaciones excepcionalmente emocionales, como accidentes, rupturas, experiencias de muerte o relaciones tóxicas, esto también puede dar lugar a un contrato del alma con el correspondiente efecto vinculante. Entonces cumplimos este contrato hasta que en algún momento lo reconocemos y lo disolvemos. Si el contrato correspondiente afecta nuestras relaciones, nuestra capacidad para relacionarnos con los demás se verá mermada y se desarrollará de la forma que especifica el contrato. Según la ley básica de la resonancia, atraemos automáticamente a personas cuyo comportamiento garantiza inconscientemente que nuestra relación con ellas sea tóxica, de acuerdo con nuestro contrato del alma.

Algunas personas evitan romper conscientemente esos lazos a nivel del alma, si ellos afectan a personas con las que mantienen un contacto estrecho o están enredadas en relaciones tóxicas. Temen que la libertad resultante cambie sus vidas y provoque la pérdida de personas a las que han estado muy unidas.

> Los contratos del alma a menudo nos atan a personas con las que estamos enredados en relaciones tóxicas.

Ten en cuenta que esto puede ocurrir, pero a estas alturas ya deberías haber comprendido que cualquier forma de dependencia en una relación obstruye el camino hacia la libertad interior y la sanación. La sanación es esencial si realmente quieres vivir una vida sana, auténtica y autodeterminada. Una relación basada en la coacción y la dependencia nunca podrá hacerte verdaderamente feliz. Crea sufrimiento, miseria y enfermedad.

Consecuencias de las heridas del alma en nuestras vidas

Si no se recuperan las partes faltantes del alma y se disuelven los contratos existentes, esto puede tener graves consecuencias para nuestra vida, nuestro bienestar, nuestro desarrollo, nuestra capacidad de relacionarnos y nuestras relaciones. Constantemente nos falta energía, no nos sentimos plenos ni nos sentimos bien, e incluso podemos sufrir enfermedades crónicas. Nos encontramos una y otra vez en conflictos difíciles que no se resuelven. Somos incapaces de avanzar en ciertas áreas de nuestras vidas y todo acaba girando en torno a nosotros y a nuestros problemas. Hacemos caso omiso de las legítimas necesidades y exigencias de nuestros semejantes, nos juntamos con personas narcisistas y mantenemos relaciones tóxicas.

Como nuestra sociedad suele carecer de conocimientos sobre el alma y sus posibles problemas, y no se dispone de soluciones profundas, muchas personas desarrollan rasgos narcisistas por sí mismas. En lugar de acceder a sus mentes subconscientes y a la consciencia del alma, entender las conexiones intrapsíquicas y crear soluciones apropiadas, se convierten en seres egocéntricos, no llegan a ninguna parte y cada vez se toman más en serio a sí mismos.

Otra variante consiste en entrar en contacto con personas narcisistas de nuestro entorno. A través de su comportamiento, actúan como un espejo y nos muestran que nosotros también estamos sumidos en nosotros mismos y atascados en nuestra búsqueda de soluciones. Cuanto menos conscientes seamos de nuestras carencias afectivas y más hayamos renunciado a nosotros mismos internamente, más fuerte puede llegar a ser la manifestación narcisista en nuestro entorno inmediato.

Partes perdidas del alma

John, de 31 años, y Karin, de 29, casados desde hace años, acudieron juntos a la sesión de terapia. Tenían una relación tóxica con roles cambiantes. Se insultaban, humillaban y manipulaban mutuamente con creciente intensidad. Después de que ambos se convirtieron en personajes violentos, decidieron probar con la terapia. En las entrevistas iniciales de la historia clínica, ambos mostraban estructuras de personalidad ligeramente narcisistas.

Durante el trabajo chamánico surgió la siguiente imagen: John había perdido tres partes de su alma. La primera ya había partido antes de su nacimiento, cuando su padre había instado a su madre a abortar y luego la abandonó cuando ella decidió dar a luz. La segunda parte se fue cuando tenía unos tres años; por una parte, su madre lo mimaba en exceso y, por otra, lo humillaba. Sin trabajo y sin una nueva relación, obligó a su hijo a representar el papel de su principito. Conseguía todo lo que quería, a menos que no se comportara como su madre quería, en cuyo caso ella lo insultaba, llamándole "engendro de tu detestable padre", lo degradaba, lo humillaba, lo castigaba y lo culpaba de su desgracia. La tercera parte de su alma se fue cuando John empezó a ir a la escuela a los seis años, donde no experimentó más que burlas e intimidaciones.

Karin había perdido dos partes de su alma. La primera se fue cuando su madre murió al dar a luz. La segunda se fue a los cinco años, cuando su padre abusó sexualmente de ella después de tratarla como a una princesa durante años y colmarla de regalos. John y Karin también estaban conectados mediante un contrato del alma a través de la frase: "Nuestra relación es eterna", un vínculo que habían formado en una vida anterior. Después de que John y Karin recuperaran e integraran las partes faltantes de sus almas, y luego de que el contrato del alma fuera disuelto por ambos, pudimos trabajar en sus patrones de relación, y aprendieron a tratarse con respeto y estima.

LOS PROBLEMAS DE RELACIÓN DE NUESTROS ANCESTROS

Las relaciones y los enredos tóxicos también pueden encontrarse en los sistemas familiares. Estas pautas de comportamiento suelen transmitirse de una generación a otra. Significa que los problemas de relación arraigados en el sistema pueden remontarse a siete generaciones. En este caso, vivimos y repetimos los mismos patrones de relación de nuestros ancestros, los cuales nunca han sido cuestionados ni sanados.

En un contexto chamánico, consideramos a nuestros ancestros como un campo de energía en el que nace nuestra alma, ya que la vibración de esta corresponde con la del sistema familiar respectivo. De este modo, se garantiza que el alma disponga del entorno óptimo para seguir desarrollándose, dar los pasos de aprendizaje necesarios y superar posibles bloqueos. Desgraciadamente, esto no solo incluye energías y patrones positivos. Los patrones negativos y de bloqueo, nuestros propios patrones de relaciones tóxicas y nuestra identificación con relaciones tóxicas, forman también los correspondientes campos de resonancia. Esto significa que nuestros patrones negativos también están anclados en el campo energético de nuestros ancestros.

En el ámbito terapéutico, se ha demostrado una y otra vez que el trabajo con el campo energético de las últimas siete generaciones puede ser de gran ayuda para sanar nuestra alma y liberarnos de nuestras relaciones tóxicas. Recibimos impulsos decisivos para que los bloqueos terapéuticos desaparezcan y la autosanación tenga lugar con toda su fuerza y vigor. Cualquiera que se haya visto agobiado por enormes problemas familiares podrá comprender que la resolución de estos conflictos puede contribuir de manera importante al proceso de sanación.

Patrones problemáticos en sistemas familiares

Mark, de 22 años, acudió a la consulta porque, por un lado, ya no soportaba vivir con su familia (su madre y un hermano mayor) y quería marcharse, pero, por otro lado, se sentía obligado a seguir trabajando en la granja lechera. Sufría un enorme sentimiento de culpa por haber pensado siquiera en "abandonar" a su familia, como él decía. Su madre era irascible y colérica. Mark creció entre palizas y humillaciones. De niño, su madre solía encerrarlo en el oscuro sótano durante días si no hacía las tareas domésticas como ella esperaba. Su hermano mayor le trataba de la misma manera que su madre, abusando reiteradamente de Mark, sobre todo de niño.

Tras cumplir con ciertas etapas terapéuticas, nos enfocamos en su sistema familiar. Tanto su hermano como su madre proyectaban inconscientemente en Mark la rabia de haber sido abandonados y defraudados por el padre de la familia. El padre de Mark había huido con una mujer más joven poco después de su nacimiento. También detectamos ese mismo patrón de "abandono del marido y sostén de familia" en la generación de sus bisabuelos; el abuelo de su madre había muerto en la guerra y su abuela se había quedado sola con la granja y cinco hijos. En la cuarta generación anterior a la de Mark, el entonces propietario de la granja había muerto debido a un grave abuso del alcohol y también había "abandonado" a su mujer y a sus seis hijos.

> Este patrón se había arraigado en el sistema familiar y se había transmitido inconscientemente de generación en generación. Mark trabajó en este patrón utilizando la constelación de las siete generaciones y, en nombre de todos los implicados, llevó a cabo el necesario acto de perdón. Esto permitió que la poderosa energía original del sistema familiar volviera a fluir. Se liberó de su sentimiento de culpa y finalmente pudo seguir su propio camino y abandonar la granja con el consentimiento de su madre.

NUESTRO SISTEMA DE ENERGÍA SUTIL

El sistema energético sutil humano, como todo lo que existe, tiene múltiples capas y dimensiones y está formado por varios componentes. Examinemos el aura y los chakras y cómo se relacionan con nuestra alma y nuestras relaciones.

El alma se expresa en la realidad no ordinaria (véanse páginas 38 y 39) a través de los chakras y el aura, los centros energéticos del cuerpo. A través de ellos entra en contacto con el mundo y absorbe energías sutiles. Si queremos conectar de la forma más favorable con nuestro entorno en todos los ámbitos de la vida e interactuar con él, es necesario que nuestros chakras y el aura funcionen sin restricciones. Si hay perturbaciones, bloqueos, debilidades o incluso demasiada energía, este intercambio deja de funcionar de un modo óptimo, lo que conduce a estados de falta o exceso de energía.

Unos chakras débiles o bloqueados, un aura débil o bloqueada o demasiada energía en estas zonas, pueden provocar problemas físicos, mentales, psicológicos, espirituales y energéticos. Esto puede afectar prácticamente todos los ámbitos de la vida. A su vez, los problemas en otras áreas de nuestra existencia pueden provocar bloqueos y debilidades en nuestros centros de energía. Así pues, todo es interdependiente y está en mutua interacción, lo que revela los problemas fundamentales de nuestra existencia a distintos niveles.

Nuestras relaciones, en las que se produce un intercambio permanente en todos los niveles, tienen una influencia directa e inmediata en el estado de nuestro sistema energético sutil.

Los problemas y las heridas del alma

El aura: campo energético del alma

Nuestra aura nos envuelve como una especie de caparazón. Imaginemos a una persona rodeada de una estructura colorida, parecida a una nube, formada por varias capas más o menos en forma de huevo. Esta estructura energética no es estática, sino que palpita, se expande, se contrae y brilla con distintos colores que cambian según el estado de ánimo y la condición de la persona. El aura se extiende entre treinta centímetros y un metro alrededor del cuerpo.

El aura cambia constantemente de color, forma y extensión, según nuestras corrientes de pensamientos y sentimientos, en constante cambio.

Nuestra aura nos conecta con todas las fuerzas y energías que nos rodean y, al mismo tiempo, nos proporciona un espacio protegido, un espacio energético propio. En el límite externo de nuestro aura se produce un intercambio permanente entre nuestras propias energías y las fuerzas que nos rodean.

Cada forma de bloqueo, problema o lesión deja una marca en nuestra aura y se almacena allí. En esas zonas, el flujo de energía se ralentiza, se acelera o se paraliza. El color suele estar muy alterado o desteñido.

El aura como filtro energético

Un aura energéticamente estable es esencial para que nos sintamos bien y nos mantengamos sanos, o volvamos a estarlo. Es capaz de decidir inteligente y sabiamente por nosotros cuáles de las fuerzas que nos rodean son buenas para nosotros y cuáles son perjudiciales. Idealmente, el aura funciona como un filtro que solo deja entrar lo que sea bueno para nosotros, nos fortalezca y nos ayude de un modo importante, y al mismo tiempo, solo permite que se envíen aquellas de nuestras propias energías que sean buenas y sirvan de apoyo al mundo que nos rodea. Para que esto funcione bien, es necesario que mantengamos, promovamos o restauremos el libre flujo de energía en nuestra aura.

Los chakras: centros energéticos del alma

El sistema de chakras más conocido procede de la filosofía india. Según este, hay siete chakras principales a lo largo de nuestra columna vertebral que conectan a la coronilla con el punto más bajo en el coxis.

La energía que circula por los chakras se distribuye a través del aura, permitiendo que esta última se mantenga en permanente contacto con el mundo, los seres que nos rodean y con nuestra alma. Por lo tanto, podemos decir que nuestro jardín del alma está conectado con el aura a través de los chakras.

Chakras, zonas del cuerpo y personalidad

A cada chakra se le asigna distintos órganos y zonas del cuerpo, además de relaciornarse con ciertos temas básicos de la personalidad humana y su desarrollo.

Los trastornos pueden provocar diversas afecciones en los sistemas de órganos correspondientes e influir notablemente en los temas de vida respectivos. Por supuesto, nuestros chakras también se enfrentan a las correspondientes energías negativas de todas las formas de relaciones tóxicas, y pueden debilitarse o ver perjudicada su función a consecuencia de ello.

Bloqueo del chakra del corazón y dificultades respiratorias

Sandra, de 33 años, era soltera y trabajaba en el servicio de atención al cliente de una gran empresa. Los clientes la apreciaban, pero eso no impedía que su jefe la criticara constantemente y se empeñara en decir a todos sus compañeros y clientes que debía esforzarse más y que no hacía bien su trabajo.

Tanto los clientes como sus compañeros de trabajo le confirmaban una y otra vez a Sandra que hacía bien su trabajo y de forma fiable. Pero cada vez que era criticada por su jefe, Sandra sentía como si "le pusieran una armadura alrededor del pecho". Durante las horas siguientes, y a veces durante días, tenía la sensación de que su pecho estaba comprimido por una especie de corsé. Los ataques de disnea aguda eran cada vez más frecuentes, hasta que acabaron llevándola al servicio de emergencias del hospital local. No se encontró ninguna causa orgánica en los exámenes.

El trabajo chamánico con su aura y sus chakras reveló que había puntos oscuros en su aura a nivel de la caja torácica que obstruían el flujo de energía. Estas fuerzas de bloqueo se activaban regularmente cuando tenía problemas con su jefe, luego se extendían como un anillo por su aura y provocaban el bloqueo de su cuarto chakra: el chakra del corazón. Esta era la causa de los síntomas físicos.

Trabajamos con su aura y las fuerzas de bloqueo y, por supuesto, también con las causas subyacentes a nivel del alma que habían llevado a Sandra a tener una relación tóxica con su jefe, en primer lugar. Esto tenía que ver con un viejo problema no resuelto con su madre que Sandra había tenido de niña. Sandra estaba experimentando el mismo patrón, y con los mismos síntomas, una vez más con su jefe.

Después de sanar las causas a nivel del alma y de liberar los viejos bloqueos de la infancia, así como las fuerzas que bloqueaban su aura, Sandra pudo defenderse con firmeza por primera vez. Pidió ayuda al representante de los trabajadores. Su jefe fue trasladado y la nueva jefa de Sandra se mostró bien dispuesta hacia ella, y apreció y valoró su trabajo.

Fuerzas de apoyo universales

Todos provenimos de la Unicidad, en la que no hay separación, sino conexión, amor puro y unidad. De esta Unicidad nace y se crea la polaridad en todo el mundo material. Dondequiera que vayamos, encontraremos los opuestos que juntos representan la Unicidad; luz y oscuridad, día y noche, hombre y mujer, el bien y el mal, etc.

Según la visión chamánica del mundo, es esencial que tengamos una conexión estable con todas las fuerzas positivas que nos rodean y que nos apoyan, nutren, promueven, protegen y nos acompañan con su sabiduría. Nuestro sistema energético sutil establece estas conexiones con todos los campos energéticos sutiles que nos rodean.

> Es importante una conexión estable con las fuerzas y energías positivas.

Los dos campos energéticos más importantes que simbolizan directamente la polaridad son las energías de la Madre Tierra y del Padre Sol. Estas dos fuerzas nos conectan directamente con los polos primordiales, masculino y femenino, que surgen de la Unicidad. En lo externo, representan la polaridad fundamental, que caracteriza la vida en este mundo.

Una buena conexión con las fuerzas de apoyo de la Madre Tierra y el Padre Sol es fundamental para todo lo que hacemos en la vida. Si hay perturbaciones en esta área, nuestras conexiones más elementales, las que nos dan apoyo y estabilidad y nos permiten orientarnos en el mundo, se ven perjudicadas. Las energías negativas no pueden neutralizarse ni liberarse. Se acumulan o entran en nuestro entorno a través de nuestro sistema energético, lo que a su vez tiene efectos negativos en nuestras relaciones.

Falta de conexión a tierra

Tom, de 72 años, casado y con dos hijos mayores, acudió a la consulta porque tenía fuertes dolores en el bajo vientre. Los exámenes médicos convencionales no habían encontrado nada. La entrevista de la historia clínica reveló rápidamente que casi todas las relaciones de su vida, hasta entonces, se habían caracterizado por elementos tóxicos.

Con su irascibilidad y su personalidad arrogante, dominante y manipuladora, transmitía a las personas de su entorno que eran inútiles y que solo ellos tenían la culpa cuando algo salía mal.

Y muchas cosas habían salido mal en la vida de Tom, según me contó. Sus hijos habían roto el contacto con él, su mujer lo había dejado recientemente y le habían despedido del trabajo varias veces tras iniciar discusiones con sus compañeros. Se había visto obligado a entregar su licencia de conducir después de varios incidentes de conducción bajo los efectos del alcohol.

Al principio, Tom no veía ninguna conexión entre el dolor y la estructura tóxica de su personalidad. Sin embargo, pronto quedó claro que sus conexiones con el campo energético del Padre Sol y la Madre Tierra eran prácticamente inexistentes. Su capacidad de conexión a tierra, la capacidad de conectar con las fuerzas espirituales de la Tierra que garantiza una descarga natural de las energías negativas, estaba completamente bloqueada. Esto provocaba que sus energías tóxicas y negativas se acumularan en su interior y luego se descargaran bruscamente y sin previo aviso.

Empezamos a trabajar con esas conexiones básicas ascendentes y descendentes y con las heridas del alma de la primera infancia que habían provocado dichas desconexiones. El dolor pronto remitió y Tom se transformó en una persona más tranquila y equilibrada.

LA ENERGÍA DE LOS CUATRO ELEMENTOS

La descripción de los cuatro elementos, fuego, tierra, agua y aire, se basa en las enseñanzas de varios filósofos griegos que intentaron explicar la naturaleza del ser humano. Este concepto también se utiliza en muchas culturas chamánicas y proporciona una comprensión global de la interacción de las energías en todos los seres vivos. En última instancia, todos los sucesos y fenómenos conocidos en el plano energético son el resultado de la interacción de estos elementos.

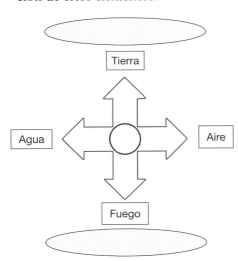

Figura 2: Los cuatro elementos con el corazón en el centro

Los cuatro elementos son cuatro fuerzas inmateriales que existen en nuestro interior, a partir de las cuales configuramos toda nuestra vida en el mundo visible, así como también nuestras relaciones y la calidad de estas. También podría decirse que suministran a todos los niveles de nuestro ser la energía adecuada para que tenga lugar la manifestación en el mundo. Nuestro corazón, como entidad espiritual de amor y como centro energético de las energías de los cuatro elementos, juega un papel decisivo en este proceso.

Los problemas y las heridas del alma

○ **El elemento fuego**, situado detrás de nosotros, corresponde a todos los aspectos energéticos de nuestro interior y nuestra voluntad. Es la fuerza que nos sostiene y nos aporta la energía que necesitamos para transitar por la vida. El fuego es la energía fundamental que nos permite actuar y hacer realidad nuestros sueños e intenciones.

○ **El elemento tierra**, ubicado frente a nosotros, corresponde a los aspectos materiales que llevamos dentro. Es el elemento más denso. El camino de la vida nos lleva hacia adelante y, frente a nosotros, nuestra vida se manifiesta en forma de materia, la tierra forma la materia y nos conecta con la existencia física.

○ **El elemento agua**, a nuestra izquierda, corresponde a los aspectos fluidos de nuestro interior, así como a nuestras sensaciones y sentimientos. Nos acompaña con la capacidad de sentir y percibir. El agua da a todas nuestras acciones y pensamientos un tono individual a través de esta conexión con nuestros sentimientos.

○ **El elemento aire**, a nuestra derecha, corresponde a los aspectos gaseosos o volátiles en nosotros, así como a nuestra consciencia y pensamiento. Nos acompaña con la capacidad de pensar, analizar, planificar y reflexionar; en otras palabras, es la capacidad de utilizar la lógica.

La libre circulación de la energía de los elementos es un criterio importante, no solo para nuestras relaciones, sino para toda nuestra vida. Si hay bloqueos o déficits energéticos, esto se manifiesta directamente en los ámbitos relevantes de la vida y en nuestras relaciones.

El poder de los cuatro elementos se expresa a través de nuestro corazón y, por lo tanto, está directamente conectado con el amor propio y a través del cuarto chakra (el del corazón) se conecta con nuestro sistema de chakras. El centro de los cuatro ejes se encuentra exactamente en el centro de nuestro corazón, y es también donde se abre nuestro espacio sagrado interior (véase página 81).

Cada ser humano nace con una distribución porcentual específica de estos elementos como soporte de la intención de nuestra alma, lo que nos ayuda a determinar cómo nos relacionamos con la vida. A lo largo de nuestra vida, esta distribución cambia una y otra vez y se adapta a nuestra situación. Las cosas se vuelven problemáticas cuando los elementos individuales están bloqueados o debilitados, lo que provoca que otro elemento tenga un exceso de energía. El objetivo es liberar y sanar las energías que bloquean y debilitan, y evitar que se queden en un solo elemento. Solo cuando estamos conectados con los cuatro elementos desde el centro de nuestro corazón, estas fuerzas están a nuestra disposición, sin limitaciones, para nuestra vida y nuestras relaciones.

> Toda forma de enfermedad, malestar y relación tóxica y patrón de relación, puede referirse a una perturbación en la energía de los cuatro elementos.

Bloqueo de los cuatro elementos

La dualidad es el principio fundamental del mundo material. Para permitir la diversidad infinita de la vida, este principio se diferenció en cuatro partes en un paso posterior de la creación: los cuatro elementos. Dependiendo de qué elemento esté debilitado o bloqueado, generalmente debido a heridas profundas del alma, se producirá el efecto correspondiente en nuestras relaciones.

- **Si el elemento fuego está afectado**, carecemos de la energía necesaria para empezar a poner en práctica nuestras ideas, planes, concepciones, deseos y anhelos con respecto a nuestras relaciones. Nos quedamos atascados en nuestros pensamientos y sentimientos y somos incapaces de actuar.

- **Si el elemento tierra está afectado**, nuestra capacidad para dar el paso hacia el mundo material se ve limitada. Por mucho que nos esforcemos, en el mundo material solo conseguimos resultados insatisfactorios, o incluso ninguno. Hagamos lo que hagamos, no tenemos éxito. Nuestras relaciones y patrones de relaciones tóxicas persisten, y somos incapaces de dar ningún paso hacia la sanación.

○ **Si el elemento agua está afectado**, todos nuestros resultados son insatisfactorios, porque no están en consonancia con nuestra naturaleza y nuestra verdadera actitud ante la vida. Todo lo que hacemos nos resulta ajeno. No tenemos acceso a nuestros verdaderos sentimientos y, por tanto, no hay cambios con los que nos sintamos cómodos en nuestras relaciones.

○ **Si el elemento aire está afectado**, carecemos de la claridad necesaria para hacer planes y utilizarlos para diseñar una estructura estratégica para nuestros proyectos. Nos atascamos y cometemos errores innecesarios, todo parece un caos y los resultados no coinciden con nuestra intención original. No entendemos nuestras relaciones y en ese aspecto también estamos sumidos en el caos y la desorganización.

Pero, aunque los cuatro elementos estén desbloqueados, esto no significa que su energía fluya armoniosamente en nuestro interior. Todos estamos más o menos influenciados por la formación externa de nuestro carácter y no nos damos cuenta. A menudo adoptamos posturas que no concuerdan con los deseos de nuestra alma. Nuestro ego nos hace creer que somos así. Solo podemos sanar nuestra alma y las energías que la bloquean si

> Una programación ajena a nosotros provoca una perturbación en la composición energética de los elementos que para nosotros sería natural.

reconocemos que se trata de programas y puntos de vista ajenos a nosotros que nuestro subconsciente ha interiorizado, y por los que estamos siendo influenciados.

Esta programación hace que algunas personas rechacen ciertos elementos, y favorezcan otros, aunque su temperamento natural sea bastante diferente. Por ejemplo, si crecimos en una familia en la que las cosas siempre eran racionales y no se mostraban los sentimientos, es posible que simplemente hayamos adoptado este patrón, aunque el elemento agua sea especialmente fuerte en nosotros. La energía del agua se experimenta como una amenaza y se rechaza, y nos comportamos de esta forma en nuestras relaciones. En este caso, no hay un bloqueo directo del elemento, sino que se utiliza una cantidad excesiva del elemento aire como sustituto. Para establecer una forma armoniosa que concuerde con nosotros en tales casos, recorremos el camino de sanación del alma, liberándonos de patrones falsos y tóxicos.

Un elemento agua fuerte debilita al elemento fuego

Hanna, de 33 años, soltera y sin hijos, acudió a la consulta porque, en diversas relaciones, se veía constantemente despojada de toda su energía en muy poco tiempo. Esto la llevaba a ser insultada, reprendida y a veces acosada por las personas implicadas.

Tenía la sospecha de que los demás la "absorbían energéticamente", por lo que había puesto fin a relaciones, abandonado amistades y cambiado de trabajo varias veces. Ya no se atrevía a relacionarse con la gente y sentía que se estaba volviendo paranoica y loca. Con el tiempo, adoptó una actitud de desconfianza y cautela hacia los demás y se fue aislando cada vez más.

El trabajo chamánico reveló que su capacidad para separarse estaba muy desarrollada y que el problema se encontraba a nivel de los cuatro elementos. El principal problema era que el elemento fuego estaba muy debilitado por el elemento agua en cuanto empezaba a solidificarse una relación en el mundo material (elemento tierra).

Cuanto más se concretaba la manifestación de una relación, más fuertes se volvían las partes del elemento agua. En este caso, sentimientos de miedo hacia las relaciones, almacenados en el subconsciente, "apagaban" cada vez más el fuego, la energía necesaria para mantener y profundizar la relación, hasta extinguirlo. Esto se correspondía con su estado de falta total de energía. Sus miedos subconscientes a las relaciones se proyectaban en la otra persona hasta que, en un momento dado, esta mostraba un comportamiento tóxico y Hanna ponía fin a la relación.

Trabajamos con los cuatro elementos en varios rituales y viajes, y exploramos esos miedos a las relaciones expresados en el elemento agua. Una vez resueltas las causas de su infancia y liberado el elemento agua de sus miedos, el elemento fuego pudo desplegar todo su poder. Hanna conservó su poder y su energía, y pudo empezar a forjar y vivir relaciones idóneas.

LOS ARQUETIPOS: IMÁGENES PRIMITIVAS DEL ALMA

Los arquetipos son imágenes primitivas del alma. Habitan en el jardín de nuestra alma y trabajan desde allí en nuestro beneficio. En esencia, son entidades que, en su forma energética básica, están presentes en todas las almas y, por lo tanto, pueden encontrarse en todos los seres humanos. Al mismo tiempo, están estrechamente ligadas a la historia personal del individuo y a su desarrollo emocional intrapsíquico. Por eso aparecen en cada persona en su forma y manifestación únicas e individuales.

Estos arquetipos encarnan, en su conjunto, la sabiduría del alma que se expresa y se muestra a través de ellos. No trabajan por nuestro bienestar de forma aislada, sino que están interconectados. Si, por ejemplo, acudimos a ellos con algún problema de pareja, una enfermedad u otros síntomas, trabajan en estrecha colaboración y nos ayudan a resolver el problema y a sanar. No solo nos ayudan con los problemas, sino que nos acompañan también en nuestra vida cotidiana, cuando establecemos conexión con ellos.

A través de los viajes chamánicos podemos conectar con nuestros arquetipos y aprender más sobre las dificultades intrapsíquicas, que son la raíz de nuestros problemas. Con su ayuda, podemos adquirir conocimientos y encontrar las soluciones.

Las soluciones a nivel del alma son siempre el requisito previo para resolver nuestros problemas de relación en la vida. Al activar nuestros arquetipos, su (nuestra) sabiduría empieza a generar posibles soluciones. Conectamos con nuestra propia sabiduría interior y nuestro poder creativo, y esto hace que sea posible el cambio.

Durante los viajes chamánicos conectamos con nuestros arquetipos. Con su ayuda, se produce un profundo trabajo de sanación.

El contacto con los arquetipos respectivos es lo que permite que se produzca la sanación real del alma. Cada uno está especialmente sintonizado con determinadas situaciones y áreas de la vida, y nos muestran claramente qué cuestiones psicológicas nos están causando problemas.

Los arquetipos

- **El Animal de Poder** es nuestro guía en todos nuestros viajes del alma. Este sabe qué otros arquetipos pueden ayudarnos de la mejor manera.

- **La Fuente de la Vida** nos conecta con la fuente primordial de la que se nutre nuestra confianza primordial y, además, con la fuerza primordial del universo.

- **El Guerrero Interior** es responsable de nuestra capacidad para establecer límites; se asegura de que podamos crear y mantener un espacio personal acorde con nuestra naturaleza.

- **El Lugar de Poder** nos conecta con la fuerza interior de nuestra alma. Allí podemos recargarnos siempre que haga falta.

- **El Maestro Interior** nos ayuda con consejos cuando necesitamos apoyo en asuntos importantes de la vida.

- **El Sanador Interior** se encarga de activar nuestros poderes de autosanación, tanto para mantener la salud como para sanar.

- **El Herrero** vigila nuestras líneas de relación y se asegura de que estén despejadas o cortadas si es necesario.

- **El Fuego de Transformación** es el lugar dentro de nuestra psique con mayor poder de transformación y donde se producen los encuentros.

- **El Guerrero del Corazón** nos conecta con el fuego de nuestro corazón y nos acompaña en el camino a la consecución de nuestro propósito de vida.

- **La Transición hacia la Luz** es el lugar donde todo llega a su fin y donde se nos muestra el camino después de la muerte.

- **La Roca de los Ancestros** conecta nuestra alma individual con la energía de nuestros antepasados.

- **La Montaña de las Visiones** nos ayuda a reconocer la tarea y el propósito de nuestra vida y a desarrollar visiones para nuestra vida futura.

- **El Hombre Interior** refleja el lado masculino de nuestra psique.

- **La Mujer Interior** refleja el lado femenino de nuestra psique.

- **Los Amantes** nos muestran la conexión entre nuestros lados masculino y femenino y nos conectan con nuestro poder creativo.

- **El Niño Interior** es la esencia de la conexión entre el Hombre Interior y la Mujer Interior y nos conecta con nuestra parte juguetona.

Los arquetipos más importantes para sanar patrones de relaciones tóxicas

En nuestras almas hemos almacenado todas las fuerzas arquetípicas que nos conectan con los temas colectivos primordiales del ser humano. Cuando se trata de nuestras relaciones, la interacción de estos arquetipos es fundamental. Los más importantes, que reflejan nuestra capacidad para relacionarnos con los demás y trabajan en conjunto para mostrarnos el estado de nuestras relaciones y qué se necesita para cambiar, son los arquetipos del Hombre Interior, la Mujer Interior, los Amantes y el Niño Interior.

Todos llevamos en nuestro interior estas fuerzas intrapsíquicas. Cada arquetipo tiene una tonalidad particular, dependiendo de lo que hayamos

En el contexto de las relaciones tóxicas, examinaremos con más detalle el Fuego de Transformación, el Hombre Interior, la Mujer Interior, los Amantes, el Niño Interior, el Guerrero Interior, el Maestro Interior y el Herrero.

experimentado en relación con los temas de los arquetipos individuales, tanto en esta vida como en encarnaciones anteriores. Desde lo más profundo de nuestro ser, esto determina la imagen que tenemos de nosotros mismos y nuestra percepción de las personas en el mundo que nos rodea, y determina cómo actuamos en nuestras relaciones y a quién atraemos a nuestro entorno. Si hay algún bloqueo, o si esa imagen está empañada, distorsionada o es poco tangible, entonces, utiliza el poder del alma y del subconsciente y nos golpea una y otra vez para recordarnos que algo está funcionando con menos poder del que debería y, por lo tanto, el correspondiente potencial no podrá experimentarse en toda su extensión.

Ten en cuenta que los siguientes arquetipos son inherentes a todos nosotros, independientemente de nuestro género. En este mundo todo tiene dos polos: luz y oscuridad, hombre y mujer, amante y amado. Todos, seamos hombres o mujeres, siempre incorporamos ambos polos. Cada quien en su psique, sea hombre o mujer; es amante y amado, padre y madre, sol y luna, en todo momento.

Tendemos a identificarnos con un solo polo, el que corresponde a la imagen que tenemos de nosotros mismos y a nuestra identificación con un género. Sin embargo, desde la perspectiva del alma, siempre se trata de reconocer, comprender y manejar los dos polos de la realidad. En todas nuestras relaciones nos encontramos constantemente con el polo opuesto, lo que nos da la oportunidad de reconocer y comprender estos dos lados de nosotros mismos.

El Hombre Interior

Este arquetipo encarna en esencia el polo masculino de la dualidad en nuestra alma. Refleja nuestra propia interacción con este polo y nos conecta con el poder del Padre Sol. Según el tema de nuestra vida, se expresa a través de diferentes facetas de su ser: el Rey, el Guerrero, el Mendigo, el Monje, el Amante, el Creador, el Conquistador, etc.

Nuestro Hombre Interior puede tener limitaciones en su fuerza, puede compensar sus carencias o, en su forma adulta, ser soberano de su poder y su fuerza.

En función de las experiencias almacenadas en nuestra psique y de los patrones de personalidad que hemos traído a esta vida, nuestro Hombre Interior refleja nuestro propio y único enfoque masculino en las relaciones. A través de sus acciones, de lo que le gusta y lo que le disgusta, y de su comportamiento intrapsíquico, nos muestra cómo nos acercamos a nuestras parejas, cómo nos ven estas en relación con nuestro polo masculino y lo que deseamos de una relación. Es la energía masculina que se manifiesta hacia el exterior y en las relaciones.

El Hombre Interior representa nuestra interacción con el polo masculino primordial de este universo y su liderazgo; es la figura paterna que actúa como modelo a seguir y protege, salvaguarda y demuestra el aspecto masculino de cómo afrontar la vida.

> El Hombre Interior nos conecta con el Padre Sol, la Mujer Interior con la Madre Tierra.

Otro aspecto es el poder creador y dador masculino que se combina con el poder elemental femenino en el acto de la unión sexual para crear una nueva vida.

La Mujer Interior

Este arquetipo encarna básicamente el polo femenino de la dualidad en nuestra alma. Refleja nuestra propia interacción con este polo y nos conecta con el poder de la Madre Tierra. Se expresa a través de diferentes facetas de su ser, dependiendo de nuestro tema de vida: la Reina, la Guerrera, la Virgen, la Creadora, la Santa, la Necesitada, etc.

Al igual que el Hombre Interior, la Mujer Interior puede ser inhibida en su poder, puede compensar sus carencias o, en su forma adulta, ser soberana de su poder y su fuerza.

Dependiendo de las experiencias almacenadas en nuestra psique y de los patrones de personalidad que hayamos traído a esta vida, nuestra Mujer Interior refleja nuestro propio enfoque femenino de las relaciones. A través de sus acciones, de lo que le gusta y lo que le disgusta, y de su comportamiento intrapsíquico, nos muestra cómo recibimos y aceptamos a nuestra pareja, cómo somos capaces de entregarnos a otra persona y cómo nos ve nuestra pareja en relación con el polo femenino que llevamos dentro. Es la energía femenina la que se manifiesta hacia el exterior y en las relaciones.

La Mujer Interior representa nuestra interacción con el polo femenino primordial de este universo, nuestra interacción con el liderazgo femenino, la figura materna que actúa como un modelo a seguir y nutre, provee, da cobijo y demuestra el aspecto femenino de cómo afrontar la vida.

Otro aspecto es el poder femenino, receptivo y creativo, que se conecta con la fuerza elemental masculina en el acto de la unión sexual para crear una nueva vida.

Los Amantes

Los arquetipos del Hombre Interior y de la Mujer Interior dan lugar al arquetipo de los Amantes. Esto muestra claramente cómo están funcionando estos dos arquetipos, dónde fluyen libremente nuestras energías, dónde están nuestras carencias, cómo están trabajando juntos estos dos arquetipos en las relaciones y en el amor, y cómo están las cosas con respecto a nuestro poder creativo interior.

Aquí es donde queda claro que no basta con sanar nuestro lado masculino o femenino. Solo cuando ambos lados están libres y completos se disuelven nuestros viejos patrones de relaciones tóxicas y nuestras limitaciones. Esto, a su vez, se expresa en relaciones satisfactorias y provechosas, así como en nuestro poder creativo, que da forma y se manifiesta en relaciones autodeterminadas, soberanas y libres, para beneficio de todos.

El Niño Interior

Cuando el Hombre Interior y la Mujer Interior son soberanos en su poder, fuerza, libertad y capacidad de amar, la unión de ambos crea un maravilloso, poderoso y amoroso arquetipo de amantes. De ahí, a su vez, renace y se nutre constantemente nuestro Niño Interior.

Aquí podemos ver lo importante que es liberarnos de todas las heridas y enredos del pasado que han influido en nuestro Niño Interior y le han impedido desarrollar su potencial. Si nuestro Niño Interior no ha sido herido y puede actuar libremente, entonces tiene un único y genuino deseo: quiere jugar. Observa a un niño pequeño jugando, sano y feliz. Está completamente inmerso en su juego con gran seriedad; está en el aquí y ahora, completamente presente en el momento.

> El Hombre Interior y la Mujer Interior se funden en el arquetipo de los Amantes, que crea al Niño Interior a través de su poder creativo.

Mientras las necesidades básicas, como el hambre, la sed, el cansancio o la falta de cercanía no se impongan, el niño seguirá jugando alegremente.

Este aspecto del juego es sumamente importante en todas las relaciones y para vivir en amor. Si todos hiciéramos como el niño, daríamos prioridad a "jugar juntos" y nos trataríamos con amor y respeto mientras jugamos. Estaríamos en el momento de cada encuentro y libres de toda experiencia negativa. No proyectaríamos nuestros problemas en esos encuentros y los viviríamos como algo real y auténtico.

Aquí es donde estos cuatro arquetipos completan el círculo. Cuando el Niño Interior está en su propio poder, amor y libertad, su capacidad de jugar en el aquí y ahora tiene un efecto sobre los Amantes, lo que resulta en una retroalimentación positiva para el Hombre Interior y la Mujer Interior. De este modo, estas cuatro fuerzas intrapsíquicas son interdependientes y estamos llamados a hacer todo lo posible para permitirles encontrar su verdadera grandeza interior y desplegar todo su poder y amor, resplandecientes y radiantes.

Masculinidad y feminidad tóxicas

Si nuestro principio masculino y/o femenino está lesionado y arrastra estructuras tóxicas en su interior, esto también se manifestará en nuestro estado intrapsíquico a través de los arquetipos del Hombre Interior y la Mujer Interior. No se producirá la unificación y nuestro Niño Interior se encontrará en mal estado. Además, seremos incapaces de cumplir nuestra tarea de vida transpersonal como guardianes de la Tierra, no podremos celebrar ni honrar la vida y la naturaleza, ni podremos protegerlas. Estaremos apartados del crecimiento natural, sustituido por el crecimiento artificial y material, y seremos incapaces de encajar en el ciclo de la naturaleza que surge y eventualmente muere.

Pero la insensatez del constante crecimiento en el ámbito material ha demostrado ser un callejón sin salida. La base de esto es un patriarcado que evidencia un principio masculino tóxico exagerado. Como resultado, nuestras acciones son determinadas por un principio despiadado, enfermo y destructivo. Esto, a su vez, se basa en los patrones enfermizos y obstructivos de nuestra alma no sanada y herida.

> La toxicidad masculina y femenina conducen a la ruptura con los ciclos naturales de la vida.

A menos que empecemos a superar este patriarcado en nosotros y en nuestras almas, seremos incapaces de encontrar la forma de liberar nuestras relaciones de los patrones tóxicos. Por lo tanto, estamos llamados a sanar nuestros lados masculinos y femeninos internos, a armonizarlos, y así reintegrarnos a los ciclos naturales de la vida; es decir, a sanar nuestra propia naturaleza interior, honrarla, custodiarla y protegerla.

Masculinidad tóxica

Si nuestro Hombre Interior está atrapado en las estructuras y energías de la masculinidad tóxica, este quiere dominar, explotar y subyugar al principio femenino. No está dispuesto a reconocerlo en su condición de igual. La idea de honrar y proteger el principio femenino en su forma liberada, y de abrir un espacio en el que pueda crecer y florecer en armonía con el principio masculino, es incomprendida por el principio masculino tóxico. Es reprimida y ridiculizada, lo que provoca estados de ansiedad.

Feminidad tóxica

Si nuestra Mujer Interior está atrapada en la feminidad tóxica, descuida sus principios femeninos naturales, cede y se deja dominar y explotar por el principio masculino. En lugar de cuestionar este patriarcado de una sola vez, la Mujer Interior se subordina a esta visión distorsionada y unilateral del mundo. En lugar de cocrear una nueva coexistencia de feminidad y masculinidad interior sana y liberada, se somete al principio masculino y se inhibe en su poder, o bien intenta subir ella misma la escalera del patriarcado, adoptando los mismos principios masculinos enfermos y negando así su propia feminidad. Al hacerlo, se inhibe y asume el papel del Hombre Interior tóxico para poder compensar.

Cuando llevamos en nuestro interior partes masculinas o femeninas tóxicas, nuestras relaciones serán necesariamente tóxicas y manipuladoras y no se ajustarán a nuestra verdadera naturaleza. Nuestra relación se convierte en un campo de batalla en el que las partes enfermas y nocivas riñen, luchan, se subyugan y manipulan mutuamente de acuerdo con su propia naturaleza.

Por tanto, la solución es sanar nuestro hombre y mujer interiores. Para ello, tenemos que darnos cuenta de hasta qué punto estamos anclados en las estructuras patriarcales, independientemente de que seamos hombres o mujeres.

Somos los creadores de nuestra realidad

Los cuatro arquetipos descritos anteriormente tienen otro aspecto que resulta muy importante si queremos liberarnos de nuestras viejas relaciones y de patrones de relaciones tóxicas e instaurar patrones nuevos y enriquecedores. La actividad de estos arquetipos dentro de nuestra psique garantiza que el acto de creación se esté produciendo constantemente en nuestro

Los problemas y las heridas del alma

interior. A través de ellos y su interacción, creamos nuestra propia realidad, aunque no nos demos cuenta.

Todo es energía y vibración. Con nuestros pensamientos, sentimientos, palabras y acciones o inacciones, creamos constantemente nuestro propio patrón vibratorio. Según la Ley de Resonancia, atraemos vibraciones externas que resuenan con las nuestras, y así creamos nuestra propia realidad. Que nos guste o no nuestra realidad, que la encontremos agradable y que seamos felices, depende de las vibraciones que llevemos en nuestro interior y de las que enviemos al exterior. En definitiva, nuestro mundo exterior y, por tanto, la forma y la calidad de nuestras relaciones, funciona como un espejo de lo que llevamos dentro de nosotros.

> Las vibraciones que emitimos resuenan con las vibraciones en el mundo exterior.

Podemos crear nuestra realidad de manera consciente al vigilar nuestras vibraciones, nutriéndolas y optimizándolas constantemente, y adaptándolas a la vibración básica del amor y a nuestras tareas de vida. O podemos permanecer inconscientes y no influir en absoluto en lo que nos ocurre y en cómo reaccionamos.

Un debilitado Hombre Interior

Jon, de 41 años, divorciado y sin hijos, acudió a la consulta porque estaba "harto", como él decía, de relacionarse una y otra vez con mujeres que lo trataban "como basura". Había mantenido tres relaciones de larga duración, todas ellas con el mismo patrón tóxico. Conoció a una mujer que le fascinó y como él era inteligente, guapo y hablaba bien, no le costó mucho conocerla mejor. La relación se desarrolló con rapidez, pero luego se convirtió en un

Los arquetipos: imágenes primitivas del alma

infierno para él, cuando su pareja resultó ser manipuladora, egoísta y narcisista.

Cuanto más se esforzaba Jon y "hacía todo lo que podía por la mujer", más caía en un estado de dependencia que le llevaba a ser maltratado, "como un esclavo", para satisfacer todas las necesidades de la mujer. Se sentía completamente dependiente. Abandonó todas sus amistades y contactos, y sus pensamientos solo giraban en torno a la mujer que lo atormentaba, despreciaba y humillaba.

Había conseguido salir de las dos primeras relaciones, pero la tercera había durado más y ahora estaba casado con esta mujer. Inmediatamente después de casarse, ella le había manipulado para que le diera el dinero que acababa de heredar. Después le echó de la casa que habían compartido y que él le había traspasado después de la boda.

Durante el trabajo chamánico, la Mujer Interior de Jon apareció sentada en un trono, elevándose sobre él. A sus pies, pequeño y discreto, estaba su Hombre Interior. No hubo contacto entre ellos. El Niño Interior yacía inconsciente detrás del trono. El Maestro Interior nos explicó que esta constelación había surgido como consecuencia de la madre de Jon. Ella había sufrido mucho por las constantes escapadas, infidelidades y desprecios de su padre, y le decía a Jon en repetidas ocasiones que "todos los hombres son unos cerdos inútiles e incompetentes, y no merecen ni siquiera ser mirados por una mujer". Esta frase, que el pequeño Jon oía una y otra vez, provocó una constelación dentro de su psique que se reflejaba externamente en sus relaciones.

Empezamos trabajando en la recuperación del alma y encontramos un contrato del alma con la frase "No valgo

> nada como hombre", que Jon pudo disolver. Después
> de trabajar de varias maneras durante un corto tiempo
> en el nivel del alma, el Hombre Interior se puso de pie
> y se hizo más alto, la Mujer Interior dejó su trono, y por
> primera vez los dos estaban uno frente al otro en igualdad
> de condiciones y con las manos unidas. El Niño Interior
> despertó y se unió a ellos, tímido pero curioso, observando
> el cambio con asombro.

El Fuego de Transformación

El Fuego de Transformación es el arquetipo intrapsíquico o lugar donde las fuerzas y energías de bloqueo se transforman en fuerza interior y energía de apoyo. Aquí podemos reconectar con partes perdidas del alma, disolver antiguos contratos y encontrarnos con otros seres, arquetipos y almas, y resolver problemas no resueltos y liberarnos de viejas culpas.

Si estamos preparados, al utilizar el poder del fuego podemos transformar todo lo que nos agobia y nos hace perder energías y fuerzas innecesariamente, o nos bloquea las energías útiles y fortalecedoras. Así, el Fuego de Transformación es el lugar intrapsíquico más importante para transformar nuestros patrones de relaciones tóxicas. Esto libera la libertad y la fuerza interior que antes permanecían atrapadas.

> El poder transformador del fuego nos permite transmutar las energías negativas y los patrones de relaciones.

De igual manera, el Fuego de Transformación es un lugar de encuentros. Si todavía hay que aclarar algo a nivel del alma con otras personas, vivas o fallecidas, eso ocurre en este lugar. Aquí podemos resolver, al menos en el plano del alma, problemas con quienes estamos o hemos estado enredados en relaciones tóxicas, quienes nos han hecho daño o a quienes hemos hecho daño.

Hacer las paces con los demás

Si pides a otra alma que se haga presente en el Fuego de Transformación, esta deberá cumplir esta petición. Se trata de un contrato universal e intemporal al que están vinculadas todas las almas. La energía del fuego hace posible discutir las cosas con calma y, finalmente, hacer las paces. Esto se consigue perdonando a la otra alma o pidiéndole perdón.

El Maestro Interior

El Maestro Interior nos aconseja y ayuda cuando se trata de cuestiones importantes de nuestra vida. Nos ayuda a aprender y a experimentar de forma activa, consciente y alegre, y nos enseña a escuchar nuestra sabiduría inherente y a confiar en nuestra intuición. A partir de su sabiduría, el Maestro Interior nos muestra lo que tenemos que hacer para sanar nuestra alma y abandonar patrones de relaciones tóxicas.

Aprender a través de la vida y para la vida

El Maestro Interior nos apoya en el aprendizaje para la vida y a través de ella. Está en estrecha relación con la sabiduría de la naturaleza y con los maestros del mundo superior, que son los responsables de nuestro desarrollo espiritual y vigilan nuestro plan de vida. El Maestro Interior conoce nuestro currículum y nos ayuda y aconseja a dominar las tareas de aprendizaje individuales que son necesarias para cumplir nuestro plan de la mejor manera. También nos ayuda con retos específicos, tales como superar nuestros problemas de relaciones tóxicas.

Actúa desde la responsabilidad propia

El Maestro Interior respeta nuestro libre albedrío, evita intervenir en nuestras experiencias y no busca de forma activa el contacto con nosotros. Sin embargo, podemos ponernos en contacto con él y ahorrarnos muchas equivocaciones, desvíos y sufrimientos si seguimos sus consejos y sabiduría con total dedicación, convirtiéndonos así en los creadores de nuestro destino.

> El Maestro Interior nos aconseja cuando se trata de cuestiones importantes de nuestra vida.

También debemos reflexionar sobre los acontecimientos de nuestra vida, reconocer su significado y la tarea de aprendizaje que encierran, y luego poner en práctica los conocimientos adquiridos a través de ellos.

Es importante que sigamos siendo responsables y autodeterminados, y que no renunciemos a nuestra libertad de elegir. Somos creadores innovadores que tomamos nuestras propias decisiones. No somos seres que hacen pasivamente lo que se les dice, independientemente de la autoridad de la que procedan las instrucciones.

El Guerrero Interior

El Guerrero Interior protege nuestros límites, asegurando el justo equilibrio entre la cercanía y la distancia. El término "guerrero" no se utiliza aquí para referirse a un soldado que lucha empuñando un arma. El Guerrero Interior corresponde más al tipo de caballero o samurái que está completamente dedicado a su misión y dispuesto a darlo todo por ella.

> Según se trate de un hombre o de una mujer, los arquetipos como el del Maestro Interior, el Guerrero Interior y el Herrero, son masculinos o femeninos.

En nuestro caso, se refiere a la protección de nuestro espacio interior, donde nos sentimos seguros y podemos desenvolvernos y desarrollarnos de un modo que corresponda con nuestra verdadera naturaleza. Por lo tanto, tiene que ver con la capacidad de crear o mantener un espacio en nuestro interior que nos ofrezca seguridad, desde el cual podamos superar constantemente las resistencias y obstáculos internos, y presentar con confianza nuestros puntos de vista al mundo exterior.

Encontrar y mantener límites internos y externos

En las antiguas culturas tribales chamánicas que vivían en y con la naturaleza, existía un sentimiento básico que desconocemos en nuestro mundo moderno: la gente se sentía unida a sus semejantes, a su tribu, a la naturaleza que la rodeaba y al cosmos. Este sentimiento de estar conectados con todo, significaba que no conocían fronteras en el sentido en que nosotros las percibimos.

En cambio, solemos sentirnos separados y aislados. Percibimos fronteras entre nosotros y nuestro entorno. Como nadie quiere estar apartado, nos esforzamos por superar esta separación y al menos sentirnos conectados con algo. Con demasiada frecuencia, los límites se ignoran y sobrepasan sin miramientos.

A primera vista, la gente de la sociedad occidental moderna da la impresión de ser sociable y tratarse con respeto, pero tras bastidores suele prevalecer el mero egoísmo. Consciente o inconscientemente, la gente solo mira por sus propios intereses. Todos los días se cruzan fronteras, tanto en la forma en que los individuos interactúan entre sí, como a mayor escala entre países. En las luchas cotidianas no hay lugar para una actitud servicial, ni para el amor propio y el altruismo.

Equilibrio sano entre la fijación de límites y la apertura

Como resultado de su poder y fuerza inherentes, el Guerrero Interior garantiza un equilibrio saludable entre el establecimiento de límites y la apertura, y un equilibrio entre la cercanía y la distancia. Estos factores nos da el coraje para decir "no" de todo corazón cuando una persona, situación o tarea sea demasiado para nosotros, o simplemente no nos convenga. Son los guardianes de nuestras fronteras personales.

Un exceso de energía del Guerrero Interior hace que seamos incapaces de permitir una cercanía real, que nos aislemos demasiado y que nuestro campo de energía del alma sea rígido e inflexible. También podemos ser proclives a violar los límites de los demás y a no tener consciencia de su espacio personal.

Sin embargo, si la energía de nuestro Guerrero Interior está bloqueada o es débil, nuestra capacidad natural para establecer límites deja de funcionar correctamente. Entonces, nadie honra el espacio al que tenemos

Los problemas y las heridas del alma

derecho. No se nos toma en serio y se nos explota. Nadie nos percibe realmente como somos. Los miedos e inseguridades, conscientes o inconscientes, determinan nuestras vidas. Debido a nuestra incapacidad para decir "no", nos sobrecargamos constantemente con el trabajo que otros nos endosan. Consumimos demasiada energía o perdemos el tiempo en discusiones y explicaciones inútiles. Probablemente estemos rodeados de ladrones de energía que nos chupan como vampiros y, al llegar la noche, estemos agotados y sin energía.

> El Guerrero Interior nos enseña a defendernos y a no hacer concesiones por pereza.

Proteger nuestro propio espacio

Solo cuando el poder y la energía del Guerrero Interior fluyen libremente en nuestras almas, podemos establecer nuestros propios límites hacia el exterior en nuestra vida cotidiana normal, protegernos y sentirnos seguros. Al mismo tiempo, creamos un equilibrio flexible entre la cercanía y la distancia que corresponda con nuestra verdadera naturaleza. La seguridad de nuestro espacio personal nos permite llegar realmente al aquí y ahora, y nos impide mirar con miedo hacia el futuro y perdernos la felicidad del momento presente.

El Guerrero Interior encadenado y la pérdida de espacio personal

Anna, de 35 años, casada y con un hijo de dos años, estaba barajando la idea de separarse de su marido. Explicó que se había sentido limitada por su marido desde el nacimiento de su hijo. No le daba espacio, no le dejaba "aire para respirar", lo que hacía que se sintiera cada vez más controlada e incapacitada.

Ya no se le permitía salir con amigos, se suponía que solo debía estar para el niño y para el marido, y que preferiblemente debía quedarse en casa. Durante el día, él la llamaba continuamente desde el trabajo para comprobar que estaba en casa y se mostraba cada vez más desenfrenado y agresivo. Dice que se llevaban muy bien antes de que naciera el niño, pero que ahora siente que ya no puede poner límites y que su marido se aprovecha implacablemente de ello.

En un viaje chamánico, nos encontramos con su Guerrero Interior, que estaba atado a un árbol y ya no podía moverse. Su Maestro Interior vino y le explicó que una parte del alma se había perdido durante el nacimiento del niño: Anna casi había muerto en el parto y había tenido que permanecer hospitalizada durante quince días más. Durante esas semanas traumáticas en el hospital, Anna se sintió impotente ante los médicos y toda la situación, mientras que su marido estaba muy agobiado por tener que cuidar solo de su hijo recién nacido.

Durante ese tiempo, y como consecuencia de la pérdida de alma y de los sentimientos de impotencia, el Guerrero Interior había perdido su fuerza. Ya no podía mantener el espacio personal de Anna y así se encontró simbólicamente "atado al árbol". El marido de Anna, que había crecido en un sistema familiar tóxico, había hecho hasta entonces un buen trabajo suprimiendo los patrones tóxicos heredados de aquel sistema. Sin embargo, al sentirse desbordado por la situación, esos patrones se reactivaron y llenaron cada vez más el espacio de Anna, hasta que ya no pudo defenderse de ellos.

Recuperamos la parte perdida de su alma, liberamos a su Guerrero Interior y restablecimos las conexiones energéticas fundamentales. Como resultado, Anna volvió a

> estar bien protegida y pudo mantener su espacio personal.
> Esto supuso que su marido volviera a caer en sus propios
> patrones tóxicos, pero afortunadamente se dio cuenta de
> que necesitaba ayuda urgente y buscó a un terapeuta con
> el que trabajó sus heridas emocionales internas y sanó su
> alma. La joven familia pudo reconciliarse.

El Herrero

Cuando se trata de relaciones, amistades y conexiones del corazón, el Herrero es el responsable. Nos muestra en qué aspectos de las relaciones estamos aferrados al pasado y no hemos logrado soltar. Disuelve y separa las conexiones viejas y obsoletas, limpia las relaciones difíciles y libera nuestro corazón. Es responsable de todo lo que nos frena de un modo desagradable, atando nuestras fuerzas y debilitando nuestro sistema energético. Se trata de un valioso ayudante, especialmente en las relaciones tóxicas.

Quizá te sorprenda que el Herrero sea responsable de las conexiones del corazón. Esto tiene su origen en nuestro pasado celta. La mitología celta nos cuenta que el herrero tenía una segunda tarea, además de trabajar el metal con el fuego: ser responsable de los matrimonios y forjar dos anillos entrelazados para la pareja.

Liberarse de ataduras agobiantes

Con nuestro Herrero podemos disolver apegos agobiantes y obsoletos y relaciones tóxicas a nivel del alma y del corazón, así como apegos a adicciones como el alcohol, los cigarrillos, las computadoras, el sexo, la comida, el trabajo, etc. Cualquier cosa puede convertirse en una adicción si actúa como satisfacción sustitutiva de temas no afrontados y relaciones tóxicas.

Los encuentros nos cambian

Toda forma de encuentro y relación deja huellas en nosotros y en nuestro sistema energético. Incluso los contactos fugaces cambian nuestro campo de energía del alma por un breve instante. Es un proceso completamente normal. Aunque no siempre nos demos cuenta, nos comunicamos constantemente con nuestro entorno y con nuestros semejantes a través de cada pensamiento, cada sentimiento, cada palabra y cada contacto. Así, tejemos hilos energéticos y, dependiendo de la intensidad y la duración, esto puede dar lugar a una fuerte relación que puede ser positiva, de apoyo y enriquecedora; o negativa, tóxica, de bloqueo y de pérdida de energía.

> Cuando nos encontramos al Herrero, podemos limpiar la energía de relaciones tensas a nivel del alma.

Los vínculos más fuertes que podemos crear los seres humanos se forman a través del amor profundo, el odio profundo y el miedo profundo. Cuanto más intensos sean nuestros sentimientos, más fuerte y firme será el vínculo. Es maravilloso que dos personas se amen profundamente, pero ¿quién quiere enredarse en relaciones tóxicas?

Una red de líneas

A nivel del alma, las conexiones existentes aparecen como líneas de relación que se alejan de nuestro corazón. Cuando nos encontramos al Herrero podemos ver este entrelazamiento de diversas líneas. Los diferentes colores nos muestran el estado de la relación en cuestión. Las líneas pulsantes, en su mayoría rojas, corresponden a relaciones llenas de vida, buenas. Cuanto más desagradables, tóxicas y contaminadas sean las conexiones, más gris se torna el color, hasta volverse negro, en el caso de vínculos perpetuados. Las líneas gruesas corresponden a los vínculos fuertes y las finas a los débiles.

PENSAMIENTOS NEGATIVOS, SENTIMIENTOS Y CREENCIAS

De vez en cuando tenemos pensamientos negativos que no deseamos tener y que no nos hacen bien. Cuanto más intentamos bloquear estos pensamientos negativos, más energía les damos, ya que ponemos nuestra atención en ellos.

Aunque rara vez nos demos cuenta de ello, los pensamientos están ligados a los sentimientos, y cuando intentamos bloquear los pensamientos negativos, alimentamos también sentimientos negativos que nos dificultan la vida y nos acompañan en nuestras relaciones tóxicas, como la ira, la impotencia, los celos, el odio, el miedo, etc. Estos sentimientos negativos recurrentes nos llevan a explorar los patrones de pensamiento que hay detrás de ellos. Se trata de reconocer conscientemente el sentimiento concreto y entenderlo como una señal de nuestros patrones de pensamiento destructivos.

> Los pensamientos siempre van ligados a los sentimientos. Los pensamientos negativos se asocian con sentimientos negativos.

Numerosas reacciones físicas son consecuencia directa de nuestros pensamientos y sentimientos. Por ejemplo, si pensamos en un limón y nos imaginamos mordiéndolo, empezamos a salivar como reacción física por reflejo, algo que normalmente no podemos controlar a voluntad. Los pensamientos negativos y los sentimientos negativos asociados a ellos también afectan nuestro bienestar al provocar una reacción correspondiente en el cuerpo a través del sistema nervioso, el sistema endocrino y muchos otros mecanismos fisiológicos. Por lo tanto, es importante que dominemos nuestros pensamientos para no estar a merced de ellos y de sus consecuencias.

Por lo general, es difícil detener o reemplazar los patrones de pensamiento negativos cuando se trata de nuestras relaciones. Primero debemos sanar nuestra alma y despojar los patrones de pensamiento negativos del terreno fértil en el que han germinado y ahora crecen. Pregúntate qué patrones de pensamiento negativos y dañinos encuentras en tu interior cuando se trata de ti mismo y tu autoestima, y de tus relaciones tóxicas y las personas involucradas. Piensa en lo que necesitas cambiar para salir de esas espirales negativas.

Creencias formativas

Nuestros pensamientos y sentimientos suelen estar vinculados a creencias provenientes de nuestra mente inconsciente. Como hemos visto en el modelo de los distintos niveles de consciencia (véase página 38), el nivel subconsciente se encuentra por encima de nuestra consciencia del alma. En él se almacenan creencias que nos mantienen atrapados en relaciones tóxicas y nos impiden vivir una vida plena y tener relaciones enriquecedoras.

Las creencias son nuestras actitudes internas y los principios que nos guían y damos por verdaderos. Rara vez somos conscientes de ellas, aunque solemos ordenar nuestras vidas en torno a las mismas. Las creencias se forjan en la infancia, una época en la que adoptamos creencias de personas con mucha influencia en nuestras vidas, principalmente nuestros padres, pero también nuestros profesores, hermanos u otras personas importantes para nosotros. Las experiencias propias también dan forma a nuestras creencias.

Las experiencias traumáticas más intensas, frecuentes en algunas relaciones tóxicas, también pueden conducir al desarrollo de un sistema de creencias.

Las creencias negativas limitantes pueden retenernos en relaciones y patrones de relaciones tóxicas y bloquear nuestra salida. De manera negativa nos obligan a hacer, pensar y sentir las mismas cosas una y otra vez, y nos encadenan al pasado, cuando fueron creadas.

> Las creencias son generalizaciones: generalizan y simplifican un tema.

Ejemplos de creencias limitantes

- Me aman solo si me someto.
- No valgo nada.
- No merezco que me amen.
- No me permiten disentir.
- Merezco que me castiguen.
- Mi opinión no cuenta para nada.
- Nunca logro defenderme.
- No me dejan seguir mi propio camino.
- Soy responsable del bienestar de los demás.
- La culpa es mía.

También existen creencias de apoyo, que aquí las llamamos afirmaciones, a través de las cuales podemos conseguir nuestros deseos y objetivos.

Ejemplos de afirmaciones

- Soy valioso.
- Me encanta ser como soy.
- Yo puedo hacerlo.
- Soy libre.
- La gente me escucha.
- Soy libre de expresar mi opinión.
- Me toman en serio, me respetan y me valoran.
- Tengo derecho a liberarme de patrones que causan relaciones tóxicas.

Sanar viejas heridas

En definitiva, todo pensamiento, sentimiento y creencia hiriente, negativa y dañina, tiene su origen en acontecimientos o experiencias del pasado que han producido una herida en el alma y por ello, para sanar dichas heridas, es esencial empezar por el nivel del alma. Es aquí donde podemos comenzar a transformar nuestros patrones tóxicos de pensamientos y emociones, así como nuestras creencias negativas, utilizando métodos sencillos (véase página 168).

Creencias con efectos tóxicos

Martha, de 44 años, tres divorcios, actualmente soltera y sin hijos, tenía intereses muy variados y un buen nivel de educación. Durante la entrevista inicial para la historia clínica, explicó que solo se había sentido atraída por hombres que la encontraban fascinante e interesante al principio de la relación, y que disfrutaban hablando con ella. A Martha le encantaban las buenas conversaciones y así se abría a hombres que, como ella, eran cultos y disfrutaban de conversaciones sobre temas profundos.

Con cada uno de sus maridos anteriores se había convencido, antes del matrimonio, de que esta vez sí había encontrado "al hombre idóneo". Sin embargo, en cuanto se casaban, su fascinación por ella se desvanecía rápidamente y sus maridos se convertían en dogmáticos que, de repente, dejaban de querer escuchar sus opiniones y puntos de vista.

Martha empezó a dudar de sí misma. Cuestionaba sus puntos de vista, los descartaba y, de repente, empezaba a estar de acuerdo con las opiniones y puntos de vista de su pareja, "como si algo la obligara internamente", por mucho que estuvieran en conflicto con las suyas. Los matrimonios se fueron deteriorando poco a poco, hasta convertirse en relaciones tóxicas de las que Martha siempre tenía que escapar. Martha era incapaz de explicar este patrón de conducta, sobre todo porque se sabía experta en mantenerse fiel a sus opiniones y defenderlas.

Durante el viaje chamánico pronto surgió una creencia que decía: "Mi opinión no cuenta para nada". Martha no podía imaginar de dónde había salido esa creencia, ya que no podía recordar que alguna vez hubiera tenido algo que ver con su vida. Solo aparecía en sus matrimonios.

Mediante el trabajo chamánico, pronto supimos que esa creencia se había instaurado firmemente cuando Martha tenía alrededor de un año. Por aquel entonces, su madre se había casado con su padre y él siempre le decía que su opinión no contaba, que solo la suya era la correcta y que ella debía acatarla. Su padre murió cuando Martha tenía dos años, pero como su madre nunca habló de estas cosas, Martha no sabía que estos acontecimientos habían influido en ella y que dicha creencia se había arraigado profundamente.

Se activaba en su subconsciente cada vez que se casaba y le hacía repetir el patrón de sus padres. Una vez aclaradas la creencia y las conexiones, Martha pudo disolver esta creencia relacionada al matrimonio mediante un ritual, y liberarse de ese patrón.

3

CÓMO DESHACERSE DE LOS PATRONES Y DE LAS RELACIONES TÓXICAS

Si empiezas a sacrificarte por aquellos
a los que amas, acabarás odiando a aquellos por los
que te has sacrificado.

~ *George Bernard Shaw (1856–1950)*

TOMAR UNA DECISIÓN

Algunas personas continúan enredadas en relaciones tóxicas porque creen que son experiencias de aprendizaje necesarias para su camino espiritual. Este punto de vista es fundamentalmente erróneo. No hemos venido a este mundo para sufrir, sino para aprender y adquirir experiencia.

El hecho de que estas experiencias sean dolorosas o placenteras viene determinado en gran medida por nuestras propias decisiones, creencias, pensamientos, sentimientos, palabras y acciones. Nuestro destino no puede ser, en ningún caso, la permanencia en relaciones angustiosas, tóxicas y dolorosas ni soportar humillaciones y permitir que nos pateen; tampoco permanecer atrapados en nuestros propios patrones tóxicos de relación.

El único aprendizaje, en este caso, consiste en reconocer que estamos atrapados en patrones del alma dolorosos, para luego levantarnos y liberarnos de ellos lo antes posible. Tenemos el derecho e incluso el deber de liberarnos y con ello liberar a nuestra alma de tales relaciones y de buscar y seguir otros caminos que nos aporten alegría y nos llenen y enriquezcan nuestras almas. Somos humanos y tenemos derecho, en virtud del propósito de nuestra alma, de activar en nosotros el amor propio y entenderlo como la base de nuestras acciones y relaciones.

Solo cuando nos sintamos a gusto con nosotros mismos y nos tratemos con cariño, podremos poner límites con autenticidad: decir "no", defender nuestras necesidades, amar a los demás y tratar con cariño a las personas en nuestros encuentros y relaciones con ellas. Como se mencionó en la sección sobre el sentido de la vida, solo podemos vivir de manera

> Debemos dar prioridad a nosotros mismos y a nuestro bienestar.

significativa y tener relaciones satisfactorias si nuestra vida está debidamente alineada y si reconocemos que el sentido de esta tiene que ver con el amor, la risa y la alegría, y no con la lucha, el rechazo, la humillación, el odio, etc.

Si queremos liberarnos permanentemente de las relaciones y los patrones de relaciones tóxicas y sanar nuestra alma, no basta con medidas aisladas. Algunas personas creen que pueden evitar pasar por un proceso de transformación profunda y que unas cuantas creencias nuevas o sencillas técnicas mentales bastarán. Hay muchos métodos buenos que nos proporcionan un alivio momentáneo y perceptible de inmediato, pero no resuelven los traumas de fondo ni nos guían por un camino que nos sirva a nosotros, a nuestra vida y a nuestro deseo de tener relaciones satisfactorias. Si deseamos lograr un cambio duradero y permanente en nuestras relaciones, entonces debemos emprender un camino que sin duda puede ser doloroso, pero que nos lleve a salir de nuestros patrones de relaciones tóxicas y de nuestras relaciones tóxicas.

El procrastinador que llevamos dentro

Puede que ahora te arrepientas y te preguntes por qué pasar por tantos problemas. Puede que una voz interior te diga que, después de todo, no es tan malo. Tu relación tóxica es soportable.

De ser así, recuerda una vez más por qué decidiste investigar esto en primer lugar: estás sufriendo y tienes el derecho, y desde el punto de vista del alma, la obligación de liberarte de tu situación y encontrar nuevas formas de relacionarte que te enriquezcan, nutran y aporten alegría. De vez en cuando, todos solemos rendirnos en ciertas áreas de la vida sin ni siquiera haber comenzado a enfrentar nuestros problemas. Así que depende de ti. Ha llegado el momento de tomar decisiones claras:

○   ¿Estás dispuesto a hacer un cambio real en tu vida, en tus estructuras tóxicas de relación y en tus patrones tóxicos de relación, en lugar de seguir como antes?

Tomar una decisión

○ ¿Estás dispuesto a salir de tu zona de confort?

○ ¿Estás dispuesto a asumir responsabilidad sobre ti mismo, sobre tus relaciones y tu vida?

○ ¿Estás dispuesto a ver tu verdad?

Si puedes responder con un sí rotundo a todas estas preguntas, entonces estás preparado para emprender el viaje a los territorios de tu alma. No permitas que tus dudas, miedos o reservas te frenen.

En cuanto comenzamos a pensar en abandonar el terreno conocido, el procrastinador y el boicoteador que llevamos dentro intentan impedir que exploremos los aspectos positivos que traerían estos nuevos caminos. Tratan de convencernos de que esos caminos son demasiado peligrosos y que inevitablemente acabarán destruyéndonos. Por supuesto, el riesgo es demasiado alto, no para nosotros y nuestras almas, sino para el boicoteador y el procrastinador que llevamos dentro, porque cuanto más caminemos con claridad por nuestro sendero, más tendrán que renunciar a su supremacía.

Una buena preparación y planificación nos permite asumir riesgos calculados. Es cierto que corremos el riesgo de no conseguir el resultado deseado o esperado, pero hacerlo forma parte del aprendizaje y de estar vivos.

La vida es sinónimo de cambio, y si nunca nos atrevemos a hacer algo nuevo, seguiremos atrapados en la rueda de hámster de siempre.

Los niños siguen teniendo esa curiosidad natural por la vida. Si tuvieran miedo a dar el primer paso, nunca aprenderían a caminar. Si no volvieran a levantarse después de caerse,

> El crecimiento solo es posible si se cambian las estructuras viejas y obsoletas, o si las dejamos atrás y abrimos nuevos caminos.

no seguirían desarrollándose. Por desgracia, a medida que nos desarrollamos, olvidamos esa curiosidad natural que llevamos dentro y en su lugar vamos dando cabida al miedo y al letargo. Tenemos miedo al fracaso y dudamos de nuestra fuerza y poder creativo, así que preferimos seguir estancados y suprimimos el principio básico de la vida: el cambio.

Ahora, armémonos de valor y abrámonos a la posibilidad de que podemos decidir liberarnos de todas las relaciones tóxicas, sanar nuestras almas y construir relaciones que nos nutran, nos enriquezcan y nos hagan felices.

Soluciones a problemas en las relaciones tóxicas

Ahora puedes decidir qué camino de liberación deseas tomar. Asumo que te lo tomas en serio y que no deseas permanecer en relaciones tóxicas o con patrones tóxicos. Tienes tres opciones, cada una con consecuencias diferentes.

El primer paso es el mismo en las tres opciones: pon fin a la relación o relaciones que consideres tóxicas. Por ejemplo, renuncia a tu trabajo, pon fin a tu relación de pareja, despídete de supuestas amistades o rompe el contacto con aquellos miembros de tu familia con los que mantengas relaciones tóxicas, como padres, hermanos, abuelos, etc., o hazlo al menos temporalmente.

> Persistir en relaciones tóxicas no es la solución.

Naturalmente, esto requiere de valor y estar dispuesto a aceptar las consecuencias. Evitar este paso no es una opción, a menos que tu pareja o la otra persona esté dispuesta a someterse a terapia y a trabajar en profundidad en ella misma y contigo.

La falsa solución

Pones fin a tus relaciones tóxicas, pero no tomas ninguna otra medida que te permita experimentar y vivir relaciones satisfactorias en el futuro. Entonces, según la Ley del Espejo y la Ley de Resonancia (véanse páginas 45 y 96), es prácticamente inevitable que sigas experimentando relaciones tóxicas en tu vida.

La solución a pequeña escala

Pones fin a tus relaciones tóxicas y sanas las causas más fundamentales de tu alma que te han conducido hacia ellas hasta el día de hoy. Podrás descubrir cómo hacerlo en los siguientes capítulos de este libro.

La solución a gran escala

Pones fin a tus relaciones tóxicas, sanas las causas de tu alma, reconoces tu propósito y acatas el llamado de tu corazón y de tu alma en todas las áreas de tu vida. Al hacerlo, irás mucho más allá de la simple creación de una relación sana y enriquecedora, y podrás utilizar tu poder creativo y tu propósito en beneficio de todos los seres. Te encuentras camino a casa y, para ello, puedes embarcarte en tu propio viaje de héroe personal, del que hablaremos brevemente en las páginas 170 a la 173.

SANAR EL ALMA MEDIANTE EL DIÁLOGO CON EL ALMA

Entonces, ¿qué podemos hacer para liberarnos, sanar nuestras almas y transformar nuestras relaciones y patrones de relaciones tóxicas?

El camino chamánico de sanación que se describe a continuación es una forma de proceder. El deseo o necesidad de dar todos los pasos dependerá de tu historia personal, de la estructura actual de tu personalidad y de las heridas de tu alma. Solo tienes que mirar abierta y honestamente qué temas te resuenan y qué camino sería el adecuado para ti.

Así es como puedes abandonar los patrones de relaciones tóxicas y las relaciones tóxicas:

- Comienza con una evaluación honesta.

- Adopta medidas preparatorias y de apoyo:

    – Crea un marco ritual en un espacio protegido.

    – Enciende incienso a manera de apoyo y guía, y atrae el poder de las *devas* (las almas de las plantas cuyos poderes se liberan al quemar incienso).

    – Abre el espacio sagrado, activando así las fuerzas de apoyo.

    – Forma un círculo de protección para tu trabajo.

- Crea una visión clara de cómo imaginas que son las relaciones buenas, satisfactorias, afectuosas y enriquecedoras, las amistades, las relaciones laborales o los contactos dentro de tu familia.

- Limpia y fortalece tu aura y tus chakras.

- Armoniza la energía de los cuatro elementos. Activa el poder y el apoyo de tus ancestros y sana cualquier fuerza de bloqueo en tu familia que contribuya a tener relaciones tóxicas.

- Entra en contacto con tu alma a través del "Viaje Chamánico del Alma, Luz".

  – El viaje al Fuego de Transformación; el viaje al Maestro Interior; el viaje al Guerrero Interior; el viaje al Herrero; el viaje al Hombre Interior, la Mujer Interior y el Niño Interior.

  – El viaje para Recuperar Partes Perdidas del Alma; el viaje para Recuperar el Potencial; el viaje para Disolver Contratos del Alma; el viaje para Disolver Creencias.

- No te rindas tan pronto. Continúa hasta alcanzar tu objetivo.

- Si quieres recorrer el camino de la libertad y la sanación con mayor profundidad, crea tu propio viaje del héroe.

Siguiendo estos pasos, podrás sanar tu alma y transformar las fuerzas que bloquean tu psique, creando así condiciones diferentes para que dejes de atraer relaciones tóxicas a tu vida.

Consigue ayuda, si la necesitas

Ten en cuenta lo siguiente: es probable que tú mismo puedas llevar a cabo la mayoría de estas medidas de solución sin ningún problema. Como se explica en el modelo de los niveles de consciencia (véase página 38), los fenómenos de bloqueo que te mantienen atascado en patrones tóxicos en las relaciones también pueden ocurrir a otros niveles. Tal vez quieras continuar con el trabajo chamánico para profundizar en la sabiduría de tu alma. Entonces tendría sentido pedir apoyo a un terapeuta con la formación adecuada o aprender la técnica del viaje chamánico mediante cursos apropiados.

Si en algún momento te sientes atascado, busca apoyo y orientación

> El camino de la autosanación del alma crea las condiciones para tener relaciones felices.

terapéutica chamánica. Reconocer tus límites, admitirlos y buscar ayuda no es un signo de debilidad, sino de fortaleza.

Una evaluación honesta

Ser honesto con uno mismo sobre la propia situación es la base del cambio. Sin embargo, diversos mecanismos nos impiden reconocer nuestras relaciones tóxicas como un problema y liberarnos de ellas. Los patrones de reacción que se describen a continuación se aplican en principio a todo lo que queremos cambiar, aunque aún no estemos preparados para ello, no hayamos reconocido el problema o queramos evitar el cambio.

Ignorar, negar y suprimir

No queremos admitir que tenemos un problema y que estamos atrapados en una relación tóxica. Fingimos que todo va bien e intentamos suprimir la verdad. Si esta supresión tiene éxito, trasladamos los sentimientos negativos y las energías tóxicas a nuestro subconsciente, lo cual ni nos libera de los sentimientos negativos y energías toxicas, ni resuelve nada.

Luchar

Para superarlos, intentamos luchar contra nuestros problemas y patrones negativos, los pensamientos y sentimientos que nos bloquean y nos causan enfermedades. Sin embargo, esta táctica nunca puede funcionar porque donde vaya nuestra energía, siempre le seguirá todo nuestro sistema interior. Esto significa que cuanta más energía pongamos en la lucha, más alimentaremos el problema del que queremos deshacernos. Así, cada vez estará mejor alimentado y no tendrá motivos para marcharse.

Si solo libramos esta batalla a nivel interno, la relación tóxica permanece junto con nuestros sentimientos de sufrimiento, dolor, culpa, rabia, impotencia, etc., que incluso pueden aumentar. Si también libramos la batalla a nivel externo, discutimos con nuestra contraparte en esa relación tóxica o utilizamos patrones de comportamiento tóxicos. La relación tóxica puede estallarnos en la cara, pero nuestros patrones internos de relación tóxica no cambian y pronto caeremos en la siguiente estructura malsana de relación.

Negociación

En la negociación no atacamos salvajemente para derrotar a nuestros molestos compañeros internos; entablamos un diálogo interior para persuadir a nuestro problema, nuestra relación tóxica y los sentimientos asociados a ella, de que nos deje en paz, utilizando argumentos, incentivos, concesiones y razonamientos.

Desgraciadamente, esta táctica tiene un éxito limitado, porque al igual que con las peleas, nuestra atención se dirige hacia el problema y no hacia su solución. Si entablamos negociaciones con una pareja tóxica sin haber sanado nuestros déficits y problemas emocionales internos, el resultado suele ser que nos enredemos más, que nuestra pareja nos atormente aún más mediante la manipulación y que dudemos todavía más de nosotros mismos.

Caer en estados de ánimo depresivos

Nos hemos rendido y nos domina el sentimiento de no poder cambiar nada. Hemos fracasado en todos nuestros esfuerzos por reprimir, luchar y negociar, y ya no creemos en el cambio.

Si nos quedamos atascados en esta fase, nos sentimos impotentes, incapaces de actuar, congelados, tristes y paralizados por el miedo. Dejamos el campo completamente abierto al comportamiento manipulador, degradante y humillante de nuestra contraparte tóxica.

Todos somos diferentes y afrontamos nuestros problemas y patrones tóxicos de relación de manera distinta. Quizá ya sepas cuál de los mecanismos antes descritos conforma el patrón favorito de tu boicoteador interno, el que se utiliza una y otra vez para impedirte hacer los cambios necesarios. Si es así, escribe lo que te venga a la mente y las consecuencias que esto tiene para tus deseos y objetivos. Piensa también en lo que puedes y debes cambiar para liberarte.

Rompe las cadenas de las relaciones tóxicas

¿Cómo podemos liberarnos definitivamente y evitar la repetición de viejos esquemas? El camino chamánico ofrece soluciones a este problema, algunas de las cuales veremos a continuación. Pero primero es importante reconocer los patrones de reacción descritos anteriormente que no estén funcionando para sustituirlos por la aceptación y el desprendimiento.

> Las estrategias de evasión no nos harán avanzar más.

Reconoce y acepta

A estas alturas, ya estamos preparados para reconocer nuestros problemas y nuestros pensamientos y sentimientos negativos, y aceptar que están ahí y que estamos atrapados en relaciones y patrones de relaciones tóxicas. Acogemos simbólicamente el problema como si se tratara de un "ser energético", en el sentido de que lo respetamos y honramos, empezamos a escucharlo, y por lo tanto empezamos a escucharnos a nosotros mismos y tomamos nuestro sufrimiento con seriedad. En este punto se requiere de una absoluta honestidad para no engañarnos a nosotros mismos.

Suelta

Como primer paso, hemos reconocido nuestro problema, nuestros pensamientos y sentimientos negativos, nuestro dolor y sufrimiento, etc., y hemos aceptado que estamos atrapados en relaciones y patrones de relaciones tóxicas. Ahora podemos emprender un camino honesto y profundo de sanación de nuestra alma. Por fin podemos soltar y liberarnos. Esto funciona el 100 % de las veces, mientras no haya un campo de resonancia dentro de nosotros y estemos realmente en paz con nosotros mismos.

El primer paso hacia la autosanación: Una carta dirigida a ti mismo

Ahora, toma papel y lápiz. Lo mejor es crear un entorno tranquilo y meditativo, por ejemplo, prende una vela, pon música de meditación de fondo y enciende el incienso que más te guste. Asegúrate de que no te molesten durante un rato para que puedas concentrarte plenamente solo en ti.

Respira profundo unas cuantas veces, conéctate con tu corazón, escúchate a ti mismo y luego escribe en forma de carta qué tácticas utilizas habitualmente para alejar de tu vida la verdad sobre tu relación tóxica y el sufrimiento que esta te produce. Escribe cómo te sientes sinceramente. No pienses demasiado al escribir, simplemente escribe todo lo que te venga a la mente sobre tu situación.

Así reconoces tu situación actual y al mismo tiempo, a través de la escritura, creas distancia interior. Saca todo lo que llevas dentro y colócalo en el mundo exterior, de modo que puedas tenerlo en tus manos en forma de carta. Este es el primer paso hacia la autosanación y la liberación de las estructuras tóxicas de relación.

En la carta, nombra a la persona con la que mantienes una relación tóxica y describe tu reacción. He aquí un ejemplo de lo que podría ser tu carta dirigida a ti mismo:

Querido (tu nombre),

Cada vez que mi jefe tóxico me humilla, me aguanto. En lugar de defenderme, simplemente ignoro sus insultos y hago como si no pasara nada. Me hace sentir culpable, pequeña e inferior.

MARCO RITUAL

Si deseas que algo cambie, necesitas tomarte el tiempo y crear el espacio adecuado para aclarar por ti mismo, utilizando tu sabiduría interior, qué es lo realmente importante para ti y qué es lo que realmente quieres. Esto es necesario para escudriñar en tus relaciones y patrones de relación y tomar decisiones honestas, sin dejarte influir por los demás. Solo entonces podrás emprender el camino de la autosanación.

Asegúrate de que no te molesten cuando estés trabajando en tus patrones de relaciones tóxicas. Resulta útil determinar cuándo sería el mejor momento, y dónde y cómo puedes crear un espacio protegido en el que no te molesten y puedas abrirte a tu sabiduría interior.

> Tómate esto en serio. Acuerda contigo mismo los horarios fijos en los que puedas trabajar sin ser molestado.

Es importante no dejarte influenciar por cualquier pareja tóxica que aún puedas tener.

El trabajo chamánico requiere de un marco ritual sencillo. Enciende una vela, el incienso de tu agrado o una de las sustancias de incienso recomendadas; puedes poner música de meditación o un ritmo de tambor chamánico de fondo para que puedas ponerte en contacto con tu alma y emprender tu viaje de sanación a través del trance de luz que se produce.

El ritmo del tambor chamánico

Para entrar al terreno del alma, activar la autosanación y liberarnos de patrones de relaciones tóxicas, necesitamos entrar en el estado chamánico de consciencia a través de un trance de luz. Esto puede lograrse mediante un ritmo de tambor específico. Nuestro cerebro es muy receptivo a determinados ritmos y vibraciones, como puede observarse en un electroencefalograma. Con el ritmo del tambor aumenta la proporción de ondas alfa y theta que están presentes cuando estamos semidormidos o en estado de trance. La relajación profunda que se requiere para esto queda claramente demostrada en la medición de las ondas cerebrales. En mi sitio web encontrarás una secuencia chamánica de tambores que puedes descargar sin costo alguno: **https://schamanenpfad.de.**

> En el chamanismo, el ritmo monótono y constante de un tambor siempre ha sido importante para acceder a los niveles de consciencia chamánicos.

El ritual de incienso como apoyo

El incienso desempeña un papel fundamental en el chamanismo. Con el incienso, creamos un marco ritual y acompañamos y apoyamos el trabajo chamánico. Nuestro sentido del olfato nos da acceso directo a nuestro sistema límbico, lo que significa que nos saltamos el filtro de nuestro cerebro racional y vamos directamente a la zona responsable de nuestras emociones.

Cuando encendemos incienso, conectamos con las energías del alma de las sustancias del incienso, que se conocen como *devas*, las cuales despliegan su poder de ayuda, sanación y apoyo a través del humo y la fragancia. Es importante utilizar inciensos, o mezclas de ellos, que te apoyen en tu esfuerzo. Para nuestro camino chamánico de sanación del alma se recomiendan varias mezclas de incienso especialmente creadas para este tipo de trabajo, las cuales nos ayudan a liberarnos de estructuras de relación tóxicas. El fuego y los carbones nos permiten establecer nuestra propia conexión con estas plantas de incienso.

¿Qué hace el incienso?

Los componentes materiales de las plantas son convertidos en humo por el fuego, transfiriendo así su esencia a nivel sutil. A través de las membranas mucosas de la nariz, los ingredientes activos liberados por las plantas alcanzan el sistema límbico, la parte más primitiva de nuestro cerebro en términos de filogenia, la cual se encarga de procesar las emociones y los instintos, además de controlar muchas funciones vitales, como nuestro comportamiento ante el estrés y el equilibrio hormonal. Las fragancias liberadas por el incienso tienen un efecto estimulante, relajante, sanador, clarificador, tonificante y purificador sobre el cuerpo, la mente y el alma.

Por favor, observa con atención

Para que el incienso no tenga efectos secundarios desagradables, hay que seguir ciertas reglas básicas:

○ Apaga temporalmente cualquier detector de humo instalado en la habitación donde estés quemando incienso. No olvides reactivarlo al terminar y ventilar posteriormente la habitación.

○ Dependiendo de la cantidad de incienso que se encienda, se producirá más o menos humo. Se consciente de ti mismo y de tu sensación de bienestar. El efecto no depende de la producción de humo, sino de la intención y la claridad con que realices el ritual de incienso. Quemar incienso nunca debe hacerte sentir incómodo.

○ Si eres propenso a las alergias, utiliza el incienso con precaución; revisa los ingredientes.

○ Una vez finalizado el ritual de incienso, ventila bien la habitación, desecha con cuidado el carbón encendido (¡ya que es un peligro de incendio!) y vuelve a activar las alarmas de humo.

Mezclas básicas para rituales de incienso

Las siguientes cuatro mezclas de incienso forman la base de muchos rituales de incienso para todo tipo de trabajo chamánico. Su energía y efecto son ideales para liberarnos de nuestras relaciones y patrones de relaciones tóxicas y para sanar nuestra alma. Puedes hacer las mezclas tú mismo o encargarlas en nuestra tienda: **www.schamanentraum.de.** También puedes utilizar otras mezclas de incienso con efectos similares.

Mezcla de incienso para purificación

Esta mezcla purificante se compone de franquincienso, salvia, copal y tomillo. Estos son los efectos de los ingredientes de la mezcla:

○ **El franquincienso** tiene un fuerte efecto purificador. Favorece las fuerzas interiores de nuestra alma.

○ **La salvia** purifica y limpia el aura, neutraliza las energías perturbadoras y crea espacio para nuevas energías. Se le atribuye un efecto germicida.

○ **El copal** armoniza nuestro cuerpo, nuestra mente y nuestra alma, nos relaja y nos calma, nos saca de bajones emocionales y nos conecta con la valentía y el empuje.

○ **El tomillo** refuerza nuestra resistencia en todos los niveles; tiene un efecto desinfectante y nos ayuda a seguir con valentía nuestro propio camino.

> Mensaje del alma de la mezcla purificadora
> Libérate a ti mismo y a tu entorno
> de cualquier energía pesada,
> y libera de nuevo a tu ser de luz.

Mezcla de incienso para protección

Esta mezcla protectora se compone de bayas de enebro, copal, madera de cedro y flores de lavanda. Estos son los efectos de los ingredientes de la mezcla:

o **Las bayas de enebro** proporcionan una fuerte protección contra las energías oscuras, negativas y perturbadoras. Te ayudan a reconocer tus propios límites, permitiéndote establecer tus fronteras de forma más eficaz.

o **El copal** armoniza nuestro cuerpo, nuestra mente y nuestra alma, nos relaja y nos calma, nos saca de bajones emocionales y nos conecta con la valentía y el empuje.

o **La madera de cedro** nos devuelve la confianza en nosotros mismos y fortalece nuestra alma.

o **Las flores de lavanda** protegen contra las influencias negativas.

> Mensaje del alma de la mezcla de protección
> Crea un espacio protegido
> en el que puedas desenvolverte libremente
> de acuerdo con la intención de tu alma.

Mezcla de incienso para centrar

Esta mezcla para centrarse se compone de franquincienso, mirra, menta piperita y verbasco. Estos son los efectos de los ingredientes de la mezcla:

o **El franquincienso** despeja y centra la mente. Favorece el estado de alerta y la claridad.

- La mirra favorece la concentración y tiene un efecto calmante. Ayuda a conectarnos con la tierra.

- La menta piperita agudiza y calma la mente humana.

- El verbasco favorece la claridad y la atención de la mente.

> Mensaje del alma de la mezcla para centrar
> Deje atrás todas las dudas
> y defienda tus propios valores
> de forma clara y centrada.

Mezcla de incienso para bendecir

La mezcla para bendecir está compuesta por franquincienso de Eritrea, incienso de benjuí de Sumatra y franquincienso coloreado. Estos son los efectos de los ingredientes:

- El franquincienso nos hace receptivos a las vibraciones superiores, refuerza nuestra intuición y visión, y nos conecta con la divinidad.

- El benjuí se dice que es purificador, edificante y estimulante. Elimina los bloqueos, despeja las energías negativas y favorece la generosidad.

> Mensaje del alma de la mezcla para bendecir
> En conexión con la sabiduría divina,
> sigue tu camino en beneficio de todos los seres.

Al quemar las mezclas de incienso durante un ritual, establecemos una conexión con ellas y con su energía. En el trabajo chamánico, las energías que se liberan nos apoyan con su poder, sabiduría y amor, además del efecto principal y el mensaje del alma de la mezcla que transmiten en particular. Esto significa que disponemos de poderosas energías de ayuda que favorecen nuestro camino para salir de las relaciones tóxicas y que nos acompañan en el camino hacia la sanación del alma.

El "Ritual con incienso para fortalecer y limpiar el aura" se describe en la página 143. También puedes utilizar estas instrucciones como base para otros rituales de incienso. Claro que existen muchos otros rituales de este tipo; si te gusta el incienso, también puedes crear los tuyos propios o enriquecer tu vida con diferentes sustancias y mezclas de incienso.

Si nunca has utilizado incienso, encontrarás instrucciones e información adicional en nuestra página web: **https://www.schamanentraum.de**.

EL ESPACIO SAGRADO Y EL CÍRCULO PROTECTOR

La sanación y el cambio siempre tienen lugar en un ámbito de la realidad que se encuentra más allá de nuestra estructura normal de espacio-tiempo; este "espacio sagrado" es como una burbuja conectada al infinito espacial y temporal.

Este espacio sagrado tiene tanta importancia porque solo aquí podemos llegar al campo energético del alma. Al mismo tiempo, evita que cualquier situación difícil, recuerdos, traumas y situaciones estresantes, sean traídos al aquí y ahora.

Al principio de cada ritual, abre el espacio sagrado y crea un círculo protector.

Abre el espacio sagrado

Para abrir el espacio sagrado, tómate tu tiempo para leer atentamente lo que viene a continuación:

- Dirijo mi atención y mi respiración hacia abajo y le pido a los poderes sanadores de la Madre Tierra, que sanan el polo femenino, que se conecten conmigo y con mi campo energético. [Establece la conexión haciendo algunas respiraciones profundas].

- Dirijo mi atención y mi respiración hacia arriba y le pido a los poderes sanadores del Padre Sol, que sanan el polo masculino, que se conecten conmigo y con mi campo energético. [Establece la conexión haciendo algunas respiraciones profundas].

o Dirijo mi atención y mi respiración hacia el sur y le pido a los poderes sanadores del sur, que sanan las heridas del pasado, que se conecten conmigo y con mi campo energético. [Establece la conexión haciendo algunas respiraciones profundas].

o Dirijo mi atención y mi respiración hacia el oeste y le pido a los poderes sanadores del oeste, que sanan el miedo al futuro y a la muerte, que se conecten conmigo y con mi campo energético. [Establece la conexión haciendo algunas respiraciones profundas].

o Dirijo mi atención y mi respiración hacia el norte y le pido a los poderes sanadores del norte, que sanan todos los bloqueos en los sistemas familiares y en los sistemas familiares de origen y de los ancestros, que se conecten conmigo y con mi campo energético. [Establece la conexión haciendo algunas respiraciones profundas].

o Dirijo mi atención y mi respiración hacia el este y le pido a los poderes sanadores del este, que dan lugar a la claridad de visión y a la tarea de mi vida, que se conecten conmigo y con mi campo energético. [Establece la conexión haciendo algunas respiraciones profundas].

o Ahora dirijo mi atención, apoyado en mi respiración, hacia el centro de mi corazón e imagino una cruz cuyos cuatro ejes están formados por los cuatro elementos; fuego, tierra, agua y aire. [Establece la conexión haciendo algunas respiraciones profundas].

o Dirijo mi atención y mi respiración al espacio que hay detrás de mí, al elemento fuego, y le pido a los poderes sanadores del fuego que se conecten conmigo y con mi corazón. [Establece la conexión haciendo algunas respiraciones profundas].

o Dirijo mi atención y mi respiración al espacio que tengo delante de mí, al elemento tierra, y le pido a los poderes sanadores de la tierra que se conecten conmigo y con mi corazón. [Establece la conexión haciendo algunas respiraciones profundas].

○ Dirijo mi atención y mi respiración hacia la izquierda, hacia el elemento agua, y le pido a los poderes sanadores del agua que se conecten conmigo y con mi corazón. [Establece la conexión haciendo algunas respiraciones profundas].

○ Dirijo mi atención y mi respiración hacia la derecha, hacia el elemento aire, y le pido a los poderes sanadores del aire que se conecten conmigo y con mi corazón. [Establece la conexión haciendo algunas respiraciones profundas].

○ Ahora estoy en mi centro, en mi espacio sagrado, y le pido su ayuda y protección a todos aquellos poderes sanadores y fuerzas espirituales que deseen respaldar mi ritual.

Cuando abras el espacio sagrado, asegúrate de estar totalmente enfocado. Lo activas a través de tu intención interior, tu imaginación y tu respiración para establecer contacto con tu alma.

El círculo de protección

Para que no te perturben o influencien y puedas establecer contacto con tu alma para sanarla, se necesita un círculo de protección espiritual. Para construirlo, pide ayuda a la ortiga, una de las grandes plantas protectoras chamánicas.

Para crear un círculo protector, nos conectamos con la *deva* de la ortiga urticante, con la energía de su alma, que nos brinda apoyo y protección.

Si alguna vez has tocado una ortiga urticante, tal vez te hayas echado hacia atrás involuntariamente. El contacto puede causar serias irritaciones en la piel, enrojecimiento y a veces picores dolorosos. A nivel del alma, la ortiga tiene el mismo efecto, pero solo si se acerca una forma de energía extraña que pudiera perturbarnos o hacernos daño.

La *deva* de la ortiga, la energía del alma de la planta, impide que fuerzas extrañas penetren en nuestro espacio sagrado al utilizar su reacción energética ante tales contactos, estableciendo así un espacio protegido para nosotros. Esto te aporta una poderosa energía del alma como acompañamiento, lo que te permite trabajar sin perturbaciones. Procede del siguiente modo:

- Imagina una ortiga urticante en tu mente.
- Pide interiormente a la energía del alma de la planta que cree un círculo protector a tu alrededor. Por ejemplo, expresa: "Pido a la ortiga urticante apoyo y protección en la sanación de mi alma".
- Luego imagina que la *deva* de la ortiga urticante te envuelve y te protege.

Protección en la vida cotidiana

Desde luego, el círculo protector no solo se utiliza en el trabajo chamánico. También puedes crearlo en cualquier momento de tu vida cotidiana en la que necesites protección, por ejemplo, cuando te encuentres con personas que manifiesten un comportamiento tóxico.

ACTIVA EL AMOR PROPIO

Muchas personas han perdido el contacto consigo mismas, a tal grado, que ya no tienen consciencia de sí mismas ni de sus necesidades y ni siquiera saben lo que realmente les conviene. Ya no sienten ninguna conexión con el amor propio, el cual es esencial para liberarnos de relaciones y patrones de relaciones tóxicas, y para sanar nuestra alma y poder encontrar el camino hacia la libertad.

No tenemos que ganarnos el amor propio (o el amor), simplemente está ahí. Así que no se trata de trabajar en el amor propio, sino de restablecer y activar las conexiones que abran nuestro contacto con él.

Esto lo podemos hacer con un ritual, estableciendo primero la conexión entre nuestros tres centros de sabiduría: cabeza, abdomen y corazón. Esta es la condición previa para emprender un viaje chamánico a la cámara del amor propio y el siguiente paso para activar nuestra conexión al amor propio.

Ritual: Conecta cabeza, abdomen y corazón

Preparación
Concédete 30 minutos en los que no te molesten y crea un ambiente calmado y relajado. Enciende una vela y, si lo deseas, elige una mezcla de incienso de tu agrado o la mezcla para centrar. Abre el espacio sagrado y crea un círculo protector con la *deva* de la ortiga (véanse páginas 133 y 134). Como música de fondo, coloca ritmo de tambores chamánicos o música de meditación.

Procedimiento

- Concentra tu atención en la respiración y respira profundamente, inhalando y exhalando. Observa cómo el pecho sube y baja y cómo el aire pasa por la nariz y la garganta hasta los pulmones. Déjate hundir más profundamente en el suelo con cada exhalación y siente cómo la Madre Tierra te lleva.
- Puede que en tu mente aparezcan imágenes de tu vida cotidiana. No te aferres a ellas; déjalas pasar como nubes en el cielo.
- Ahora, dirige tu atención hacia el corazón. Comienza a respirar allí, a sentir esa zona de tu cuerpo y a observar simplemente cómo late constantemente tu corazón y cómo bombea sangre a través de tu cuerpo.
- Date cuenta de que tu corazón también es el lugar que te conecta con tu capacidad de amar, con tu capacidad de amarte a ti mismo, con el altruismo y con el amor incondicional que creó este universo.
- Permanece un tiempo en tu corazón, usando tu atención y tu respiración.
- Ahora, dirige tu atención y tu respiración desde el corazón hacia la cabeza, hacia el cerebro.
- Con cada respiración, crea un circuito que conecte tu cabeza con tu corazón.
- Cuando inhales, arrastra la fuerza del amor desde el corazón hasta la cabeza; y cuando exhales, lleva la energía de tus pensamientos y sentimientos, que se encuentran en ambos hemisferios del cerebro, hasta el corazón. Así se crea un ciclo que conecta el corazón con la cabeza.
- Ahora dirige tu atención y tu respiración desde el corazón hacia abajo, hacia la parte alta del abdomen, hacia el plexo solar y por encima del ombligo.
- Este es el territorio de tu intuición.
- A cada respiración, crea un circuito que conecte tu corazón con el cerebro y tu abdomen.

- Al exhalar, deja que la energía del amor baje desde el corazón hasta el abdomen; al inhalar, lleva la energía de tu intuición y sabiduría interior, que se encuentra en esta zona, hasta el corazón. Esto crea un ciclo que conecta el corazón al abdomen.
- Expande este flujo de energía y respira desde el abdomen, pasando por el corazón hasta la cabeza y vuelve a bajar. Así es como se crea un equilibrio entre estos tres centros que hay en nuestro interior.

Conclusión
Mantén tu atención en este ciclo por un tiempo. Luego respira profundo, agradécete a ti mismo y termina el ritual.

Viaje chamánico a la cámara del amor propio

Con este ritual has vuelto a conectar la cabeza, el abdomen y el corazón. Tus centros de sabiduría interior ya no trabajan de forma aislada, sino en armonía entre ellos. A partir de esta conexión, también puedes comenzar a explorarte a ti mismo, tus relaciones pasadas y tu idea sobre futuras relaciones edificantes de una manera nueva y holística, yendo a tu interior para descubrir qué es lo que realmente deseas.

Luego haz el viaje chamánico a la cámara del amor propio. El amor por nosotros mismos está almacenado allí, como fuente infinita, y nuestra única tarea es reactivar nuestra conexión con él. Puedes descargar gratuitamente Viaje a la cámara de amor propio (The Journey into the Chamber of Self-Love) desde mi página web: **www.schamanenpfad.de**.

CREA UNA VISIÓN CLARA

¿Tienes una imagen clara de lo que son las relaciones buenas, satisfactorias, afectuosas y edificantes de las amistades, las relaciones laborales y los contactos en el seno de tu familia?

De no ser así, no podrás sustituir tus relaciones tóxicas por otras que te satisfagan, porque estarás enviando mensajes confusos al universo. Después de todo, ¿cómo puede el universo apoyarte y enviarte las personas y oportunidades adecuadas si ni siquiera sabes lo que realmente quieres? Así que visualiza una imagen de tus relaciones y lo que deseas.

Cuanto más claro estés internamente, más cerca estará todo tu sistema de alinearse con tu objetivo. Así que asegúrate de tomarte el tiempo para crear una visión de cómo imaginas que serán tus futuras relaciones, una vez que las hayas liberado de la toxicidad hayas sanado tu alma y seas libre interiormente.

> Necesitas una visión clara que le permita a tu sistema alinearse con ella.

El siguiente ritual te ayudará a desarrollar tu visión sobre relaciones gratificantes en el futuro. Luego realiza el ritual "Como un árbol", a fin de conectar tus ideas y visiones con las energías de apoyo del Padre Sol y la Madre Tierra, y apórtales la fuerza necesaria para que se hagan realidad. A continuación, lee la carta que escribiste mientras trabajábamos en la sección llamada "El primer paso hacia la autosanación" (véase página 123). A continuación, escribe una segunda carta dirigida a ti mismo en la cual expreses tu visión y tu meta.

Crea una visión clara

Ritual: La visión del corazón

El siguiente ritual puede ayudarte a descubrir cómo imaginas que serán tus relaciones futuras y qué desea realmente tu corazón. Para ello, emprende una pequeña búsqueda de visión en tu corazón, escúchalo y reconoce su verdadero propósito con respecto a tu capacidad para relacionarte con los demás.

Preparación

Concédete 20 minutos en los que no te molesten y crea un ambiente calmado y relajado. Enciende una vela y, si lo deseas, utiliza una mezcla de incienso de tu agrado.

Abre el espacio sagrado y crea un círculo protector con la *deva* de la ortiga (véanse páginas 131 a la 134). Coloca ritmo de tambor chamánico o música de meditación de fondo.

Procedimiento

- Cierra los ojos y respira profundamente, inhalando y exhalando. Observa el ritmo de tu respiración sin influir conscientemente en él. Permite la presencia de todo lo que esté ahí ahora mismo: pensamientos, sentimientos y sensaciones. Pero no te aferres a ellos, sigue observando tu respiración.
- Ahora, dirige la atención hacia tu corazón. Empieza a respirar allí, sintiéndolo y observando cómo late constantemente y bombea sangre a todo tu cuerpo.
- Date cuenta de que tu corazón también es el lugar que te conecta con tu capacidad de amar, de amarte a ti mismo, y con el altruismo y con el amor incondicional que creó este universo.
- Enfoca la atención y la respiración en tu corazón durante un tiempo.
- Ahora, escucha tu interior y pide una imagen, una idea, una sensación o un indicio de lo que deseas desde el fondo de tu corazón para tus relaciones. ¿Cuál es la intención de tu

corazón? ¿Cuál es tu visión personal? ¿Cómo deseas sentirte en tus relaciones futuras?
- Es posible que aparezcan imágenes, escuches una frase o veas una palabra delante de ti, y es posible que tus sentimientos simplemente cambien, permitiéndote percibir cómo te gustaría sentirte en el futuro. Mantente así por un rato, hasta que sientas paz y claridad.

Conclusión
Respira profundo y agradécete a ti mismo, a tu corazón, a tu intuición y a tu sabiduría interior; luego finaliza el ritual.

Ritual: Como un árbol

De nada te servirá tener grandes ideas si no sacas ninguna conclusión de ellas, si no inicias ningún proceso de cambio y si no actúas. El ritual "Como un árbol" te ayuda a conectar tus ideas y visiones de futuras relaciones edificantes con la Tierra y el Sol, así podrás darles el poder para que se hagan realidad.

Conectamos el nuevo estado que queremos con nuestro corazón, con la energía del Sol y con la energía de la Tierra, para que ese nuevo estado pueda crecer y florecer con fuerza y se manifieste aquí, en este mundo. El objetivo no es quedarse atascado en el principio espiritual, en la idea, sino conectar activamente con tu propio poder creativo terrenal y con la energía de tu corazón, a fin de provocar el cambio de forma activa.

Preparación

Concédete 30 minutos en los que no te molesten y crea un ambiente tranquilo y relajado. Enciende una vela y la mezcla de incienso de tu agrado. Abre el espacio sagrado y crea un círculo protector con la *deva* de la ortiga (véanse páginas 131 a la 134). Toca un ritmo de tambor chamánico o música de meditación de fondo.

Procedimiento

- Empieza por centrar tu atención en tu respiración y respira profundamente, inhalando y exhalando. Observa cómo el pecho sube y baja, y cómo el aire pasa por la nariz y la garganta hasta llegar a los pulmones.
- Puede que aparezcan en tu mente imágenes de tu vida cotidiana. No te aferres a ellas; déjalas pasar, como nubes en el cielo.
- Ahora, piensa cómo te gustaría organizar tus relaciones a futuro y cómo te gustaría vivirlas en tu vida cotidiana. Imagina que tu visión y tu objetivo se expanden en tu corazón y lo llenan por completo.
- Ahora, dirige tu atención hacia abajo, hacia las plantas de los pies. Con cada exhalación, establece un mayor contacto con el suelo bajo tus pies y siente cómo la Madre Tierra te lleva. Imagina que las raíces crecen hacia abajo desde la planta de tus pies hasta la tierra, conectándote cada vez más profunda y firmemente con la Madre Tierra. A continuación, al inhalar imagina que estás absorbiendo el poder de anclaje a la tierra, el poder de conexión y materialización de la tierra a través de tus raíces, y dirige esa energía a tu corazón.
- Observa cómo en tu corazón la energía de tu visión sobre tus relaciones futuras se conecta con la energía de la Tierra. Ahora, dirige lentamente tu atención hacia arriba, al punto más alto de tu cabeza. Desde ahí, imagínate conectado con la energía del Sol, como si esta fuese la copa de un árbol, y vislumbra que esta energía fluye hacia abajo desde el sol y hacia ti a través de

corrientes de energía. A continuación, imagina que al inhalar absorbes el poder de anclaje a la tierra, el poder de conexión y de materialización de la tierra a través de tus raíces, y dirige esta energía hacia tu corazón.

- Observa cómo la energía de tu visión sobre futuras relaciones enriquecedoras se conecta con la energía del Sol y la de la Tierra en tu corazón. Luego, junto con tu respiración, envía esta energía al mundo con cada exhalación. Hazlo hasta que sientas que has establecido una conexión segura y estable, y hasta que te sientas relajado y retorne la paz.

Conclusión
Para terminar, respira profundo. Agradécete a ti mismo, a tu sabiduría interior y a la sabiduría de la Madre Tierra y del Padre Sol, y finaliza el ritual.

Carta dirigida a ti mismo

Escribe una segunda carta dirigida a ti mismo en la que cambies todas las afirmaciones sobre las estructuras de tu relación tóxica que describiste en la primera carta (véase página 123) y que querías sanar, convirtiéndolas en afirmaciones que sean lo más positivas posible y que te hagan sentir bien. Formula la carta como una meta, es decir, hacia dónde quieres ir. Utiliza el tiempo presente y el verbo "es", por ejemplo: "Mi relación con mi padre es relajada; el me reconoce y me quiere tal como soy", en vez de "Me gustaría...". Para tu alma y tu subconsciente, esto tiene mucho más poder que las formulas que utilizan "sería", "podría ser" y "debería ser".

FORTALECE Y LIMPIA EL AURA

Ritual: Incienso para fortalecer y limpiar el aura

El ritual con incienso para fortalecer y limpiar el aura tiene el siguiente objetivo:

- Liberar energías negativas almacenadas a través de relaciones tóxicas.
- Limpiar tu aura de patrones de bloqueo que afecten negativamente tu capacidad para relacionarte con los demás.
- Proteger tu aura para que las energías tóxicas de las relaciones ya no se almacenen y puedas establecer tus propios límites con mayor facilidad.
- Realinear y volver a centrar tu aura para que corresponda contigo y tu verdadera naturaleza.
- Bendecir tu aura para conectarla con la divinidad, permitiéndote estar mucho mejor conectado con las fuerzas de apoyo y con tu propia sabiduría interior.

Para el ritual de incienso necesitarás las cuatro mezclas de incienso ya descritas para purificar, proteger, centrar y bendecir (véanse páginas 127 a la 130), mezclas de incienso comparables o sustancias de incienso con el mismo efecto.

Preparación

Desactiva los detectores de humo. Concédete media hora en la que no te molesten y crea un ambiente tranquilo y relajado.

Ten a mano el incienso y una vela y asegúrate de disponer de una superficie a prueba de fuego. Enciende carbón y deja que se formen brasas. Enciende la vela.

Abre el espacio sagrado y crea un círculo protector con la *deva* de la ortiga (véase página 131). Coloca de fondo un ritmo de tambor chamánico o música de meditación.

Procedimiento

- Coloca la mezcla de incienso para "purificar" sobre el carbón encendido y espera a que desprenda su fragancia y humo.
- Coloca el incensario en el suelo, sobre una superficie a prueba de fuego.
- Colócate de pie sobre el incensario con las piernas ligeramente abiertas.
- Cuando estés de pie en el humo del incienso e inhales, imagina que estás absorbiendo las cualidades purificadoras, y que todas las energías negativas, bloqueadoras de tu campo energético, están siendo liberadas, por lo que tu campo energético se está limpiando de tales energías.
- Al exhalar, expulsa imaginariamente todas las energías negativas liberadas hacia el humo y a través de las piernas hacia la tierra, y pide a la Madre Tierra y a la energía de la mezcla purificadora que transformen y disuelvan las energías para el bien de todos. Al inhalar, vuelve a conectar con el efecto purificador.
- Repite este procedimiento varias veces.
- Ahora, retira los restos de la mezcla de incienso del carbón y sustitúyela por la "mezcla de incienso de protección".
- Párate sobre el incensario otra vez, con las piernas ligeramente abiertas.
- Mientras estas de pie e inhalas el humo del incienso, imagina que estás absorbiendo sus cualidades protectoras

y que el efecto protector se extiende por todo tu campo energético.

- Al exhalar, deja que tu respiración se dirija hacia abajo, hacia el incienso, y al inhalar, vuelve a conectar con el efecto protector.
- Repite el procedimiento varias veces.
- Ahora, retira los restos de la mezcla de incienso del carbón y sustitúyela por la "mezcla de incienso para centrar".
- Párate sobre el incensario otra vez, con las piernas ligeramente abiertas.
- Mientras estás de pie sobre el humo del incienso, inhala e imagina que estás absorbiendo las cualidades que te permiten centrarte, y que el efecto se extiende por todo tu campo energético.
- Al exhalar, deja que tu respiración circule hacia abajo, hacia el incienso; al inhalar, vuelve a conectar con el efecto de centrar.
- Repite el procedimiento varias veces.
- Ahora, retira los restos de la mezcla de incienso del carbón y sustitúyela por la "mezcla de incienso para bendecir".
- Párate sobre el incensario otra vez, con las piernas ligeramente abiertas.
- Mientras te encuentres entre el humo del incienso, inhala e imagina que estás absorbiendo las cualidades de la bendición, y que el efecto de la bendición se extiende por todo tu campo energético.
- Al exhalar, deja que tu respiración fluya hacia abajo, hacia el incienso; al inhalar, vuelve a conectar con el efecto de bendición.
- Repite el procedimiento varias veces.

Conclusión

Por último, agradece a todas las energías y seres implicados por su apoyo y ayuda, y también agradécete a ti mismo por tu empuje y por llevar a cabo el ritual del incienso.

Desecha con cuidado el carbón incandescente y los restos de las mezclas de incienso en el inodoro (ojo: peligro de incendio). Apaga la vela y deja enfriar el incensario en un lugar seguro. A continuación, ventila bien la habitación y reactiva los detectores de humo.

Puedes realizar el ritual del incienso tantas veces como lo necesites.

Ritual de incienso como sanación del aura

Como nuestra aura se ve directa e inmediatamente afectada por cualquier energía negativa y comportamiento tóxico que nos rodee, es aconsejable efectuar este ritual de incienso todos los días durante al menos una semana o incluso varias semanas. Esto también libera las energías negativas y los patrones de bloqueo más antiguos y rebeldes. Además, puedes utilizar otras mezclas de incienso que coincidan con tus temas actuales (Amor Propio, Transformación, Los Amantes, etc.).

ARMONIZA LOS CHAKRAS Y LAS PROMINENCIAS FRONTALES

Cada chakra cumple diferentes tareas energéticas en cada momento y gira en el sentido de las agujas del reloj o en sentido contrario, según lo que se necesite, y con intensidad variable. Todo el sistema está óptimamente coordinado, ya que todos los centros energéticos se comunican entre sí, en un intercambio permanente de información. Este equilibrio general es importante para la distribución de la energía en el campo energético del alma y en el sistema nervioso.

Como ya se ha señalado, un método sencillo pero muy eficaz para eliminar el estrés y relajar los chakras, así como para armonizar y equilibrar las energías, consiste en trabajar con las prominencias frontales, o puntos antiestrés. Estos dos puntos pueden utilizarse para la relajación y la reducción del estrés en todos los niveles.

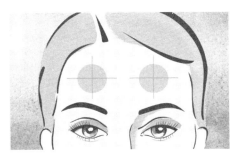

Figura 3: Las prominencias frontales

Los puntos están situados en dos pequeñas depresiones sobre unas líneas que van desde el centro de cada ceja hacia arriba, a medio camino entre las cejas y la línea del cabello. Puedes utilizarlos siempre que estés estresado en la vida cotidiana y después de pasar tiempo con personas con las que mantengas una relación tóxica. Puedes efectuar este ritual antiestrés tantas veces como quiera.

Ubicación de los chakras

Para utilizar este ritual antiestrés, es necesario conocer la ubicación de los chakras. Repasemos: el primer chakra tiene un embudo de energía que apunta verticalmente hacia abajo y el séptimo chakra tiene un embudo de energía que apunta verticalmente hacia arriba. Los chakras 2 al 6 tienen embudos de energía horizontales, tanto hacia adelante como hacia atrás. Como es difícil llegar a los embudos de la parte posterior del cuerpo, en el siguiente ritual simplemente imagina que se armonizan al dirigir su atención hacia ellos.

- **El primer chakra (chakra raíz)** se sitúa al final del coxis, entre los órganos sexuales y el ano.

- **El segundo chakra (chakra sacro)** se sitúa entre dos y cuatro dedos por debajo del ombligo.

- **El tercer chakra (chakra del ombligo)** se sitúa justo por encima del ombligo y por debajo del esternón, en la zona del plexo solar.

- **El cuarto chakra (chakra del corazón)** se sitúa en el centro, a la altura del corazón.

- **El quinto chakra (chakra de la garganta)** se sitúa a nivel de la laringe.

- **El sexto chakra (chakra de las cejas)** se sitúa ligeramente por encima de las cejas, en el centro de la frente.

- **El séptimo chakra (chakra de la coronilla)** se sitúa en la coronilla, en la parte superior de la cabeza; es decir, en el punto más alto de la cabeza.

Figura 4: Los chakras

Ritual: Armoniza los chakras y las prominencias frontales

Preparación

Concédete 30 minutos en los que no te molesten y crea un ambiente tranquilo y relajado.

Abre el espacio sagrado y crea un círculo protector con la *deva* de la ortiga (véanse páginas 131 a la 134). Coloca de fondo un ritmo de tambor chamánico o música de meditación.

Procedimiento

- Siempre se empieza por el primer chakra y luego se asciende, paso a paso, hasta el séptimo chakra.
- Párate derecho en una posición relajada y pide a tu sabiduría interior que te guíe. Concéntrate en tus pies e imagina que desde su planta crecen raíces profundas hacia la tierra.

- Utilizando los dos dedos de una mano, toca suavemente los puntos antiestrés de la frente descritos en la página 147. Esto indica que ahora quieres relajarte y armonizarte con el sistema de tu cuerpo.
- Ahora, dirige tu atención al primer chakra. Forma con la otra mano una copa y mantenla a unos veinte centímetros por delante del embudo del chakra. Esto muestra al sistema de tu cuerpo dónde debe ocurrir la relajación. Esto sucede por sí solo; la voluntad no interviene y le dejamos el trabajo a nuestra sabiduría interior.
- Ahora, respira conscientemente en el chakra y pide que se armonice y se relaje. Además, imagina que al exhalar, todo lo que inhibe, bloquea o debilita a este centro o lo mantiene en un estado de energía y excitación excesivas, se descarga a tierra a través de la planta de los pies.
- Sigue haciendo esto hasta que notes un cambio en tu mano, como una sensación de hormigueo, una palpitación o un cambio de temperatura. Esto indica que la tensión se ha liberado.
- Ahora, dirige tu atención y tu mano al segundo chakra, luego al tercero y así sucesivamente, hasta el sexto chakra delante de tu cuerpo, y finalmente al chakra de la coronilla; luego, repite el proceso.
- Después, dirige tu atención a los chakras de la parte posterior del cuerpo del mismo modo. Si no puedes alcanzarlos con la mano, simplemente imagina que sostienes la mano en forma de copa en el punto correspondiente.
- Es importante estar plenamente presente y prestar atención e imaginar que el chakra en cuestión se armoniza, fortalece y equilibra.

Conclusión

Cuando hayas llegado al chakra de la coronilla, subiendo por la espalda, finaliza el ritual. Observa cómo te sientes durante un rato.

ARMONIZA LA ENERGÍA DE LOS CUATRO ELEMENTOS

Ritual: Armoniza la energía de los cuatro elementos

Mientras la energía de uno o varios elementos esté total o parcialmente bloqueada, estaremos en desequilibrio energético. Esto repercute en nuestras relaciones, en las que se refleja el tema del elemento bloqueado o debilitado, que a su vez favorece a patrones de relaciones tóxicas. Es por ello que debemos eliminar bloqueos y debilidades, lo cual es posible mediante un ritual de constelación con los cuatro elementos para revisar y restablecer el flujo de energía.

Para el siguiente ritual vas a necesitar cinco piedras y cinco hojas de papel.

Preparación

Antes de dar inicio al ritual, recuerda cuál es tu objetivo y qué es lo que deseas: queremos liberar y sanar de bloqueos y elementos tóxicos la energía de los cuatro elementos de nuestro interior para que tengan un efecto positivo en nuestras relaciones, lo que nos permitirá liberarnos de todas las relaciones tóxicas y patrones de relaciones tóxicas y sanar nuestra alma.

Asegúrate de que nadie te moleste durante los próximos 30 minutos y crea tu marco ritual. Abre el espacio sagrado y pide protección a la *deva* de la ortiga (véanse páginas 131 a la 134). Pon música de meditación de fondo o un ritmo de tambor chamánico.

Enciende la mezcla de incienso purificadora y sostén todas las piedras sobre el humo. A continuación, coloca las piedras en el suelo, tal como se muestra en la ilustración.

Escribe el nombre de cada elemento, fuego, tierra, agua o aire, en una de las cuatro hojas de papel, y en la quinta hoja escribe "Mi corazón" (el centro).

Coloca las hojas al lado o debajo de las piedras, como se muestra en la ilustración.

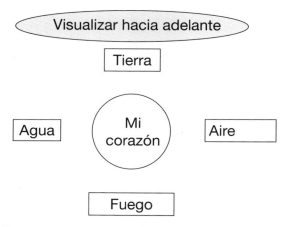

Figura 5: Armonización de los cuatro elementos

Procedimiento

Empieza por colocarte sobre la piedra que representa la posición del corazón. Dirige tu mirada hacia adelante.

Inhala y exhala profundamente. Hazte consciente de que en esta constelación estás liberando a tus cuatro elementos internos de cualquier energía que los bloquee para que su poder esté a tu disposición y a disposición de tus relaciones, en armonía y de acuerdo con tu naturaleza.

Conéctate interiormente al amor propio e imagina que este poder está llenando tu corazón.

A continuación, dirígete a la piedra que representa el elemento aire, colócate sobre ella y realiza la siguiente secuencia:

- Conéctate a esta posición y a la energía de su elemento, y al amor propio que acaba de activar en tu interior.
- Imagina que cuando exhalas, el poder sanador del amor fluye hacia la planta de tus pies, y que cuando inhalas, regresa a tu corazón, disolviendo los bloqueos, miedos y sentimientos de culpa.
- Hazlo hasta que sientas que el poder pleno y puro del elemento fluye de nuevo sin obstrucción.
- Agradece la energía del elemento y ve a la piedra representativa del elemento fuego.
- Repite el proceso allí y dirígete a la piedra representativa del elemento agua. Repite los pasos, pasa a la piedra representativa del elemento tierra y vuelve a hacer el proceso una vez más.
- Por último, regresa al centro, a la posición de tu corazón, y permanece allí. Vuelve a sentirte a ti mismo y a los cuatro elementos. Si sigues sintiendo falta de armonía, repite todo el procedimiento.

Conclusión

Agradece a tus elementos y a tu corazón por su apoyo y finaliza el ritual. Agradece a las piedras por su ayuda y purifícalas quemando la mezcla purificadora de incienso y manteniéndolas en el humo, colocándolas al sol o sosteniéndolas bajo un grifo con agua corriente.

ACTIVA EL PODER DE LOS ANCESTROS

A través de nuestros orígenes, nos encontramos integrados en el campo de fuerza de nuestra línea ancestral. Todo lo que ha sucedido en las últimas siete generaciones influye en nosotros, en nuestras vidas, en nuestra capacidad de relacionarnos y en nuestras propias relaciones. Si hay bloqueos en esta zona, tenemos que despejarlos para que tengamos suficiente energía disponible y no haya nada que nos frene o nos retenga. Si el campo de fuerza ancestral está libre de bloqueos, nos fortalece. La sabiduría de estos hombres y mujeres ancestrales nos acompaña a lo largo de nuestras vidas y tiene un efecto de apoyo en nuestra capacidad para relacionarnos. El siguiente ritual de constelación te ayudará a optimizar el flujo de energía necesario.

> No repetimos en nuestras relaciones los patrones tóxicos no sanados de nuestros ancestros.

Ritual: La constelación de las siete generaciones

Para el siguiente ritual necesitarás nueve piedras pequeñas, nueve hojas de papel y un bolígrafo.

Preparación

Antes de empezar el ritual, recuerda cuál es tu objetivo y qué es lo que deseas: quieres liberarte de todas las relaciones tóxicas y patrones de relaciones tóxicas y sanar tu alma.

Concédete 30 minutos en los que no te molesten. Abre el espacio sagrado y crea un círculo protector con la *deva* de la ortiga (véanse páginas 131 a la 134). Como música de fondo, reproduce un ritmo de tambor chamánico o música de meditación.

Enciende la mezcla purificadora de incienso y mantén todas las piedras que vas a utilizar para el ritual envueltas en el humo. A continuación, coloca todas las piedras en fila en el suelo.

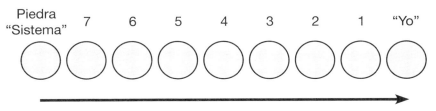

Figura 6: Constelación de las siete generaciones

Escribe los números del 1 al 7, uno en cada una de las siete hojas de papel, y escribe "Sistema" y "Yo" en las dos hojas de papel restantes. Coloca las hojas de papel al lado o debajo de las piedras, tal como se muestra en la ilustración.

Procedimiento

- Para empezar, ubícate sobre la piedra "Sistema" y pide a tus ancestros su apoyo, su poder sanador, su fuerza y su amor. Entabla un diálogo interior con ellos. Explícales que, a través de la fuerza originaria, la sabiduría y el amor almacenados en el sistema, quieres disolver cualquier energía de bloqueo almacenada en el campo energético de tus ancestros y que te mantiene atascado en tus patrones de relaciones tóxicas, para que la fuerza original pura vuelva a circular libremente entre todos. Tómate tu tiempo para tener un diálogo cariñoso con tus ancestros.
- A continuación, inhala y exhala profundamente unas cuantas veces, e imagina que con cada inhalación estás tomando la fuerza originaria sanadora almacenada en el sistema y que la llevarás en tu corazón a partir de ahora.

- Luego, da un paso adelante y colócate sobre la piedra representativa de la séptima generación.
- Inhala y exhala profundamente unas cuantas veces, y con cada exhalación imagina que el poder sanador te ayuda a liberar cualquier asunto que pueda estar impidiéndote encontrar relaciones felices, satisfactorias y enriquecedoras.
- Luego, continúa hacia la piedra representativa de la sexta generación y repite el proceso.
- Repite esto con cada una de las piedras representativas hasta llegar a tu propio lugar, al "Yo". Aquí también exhala en la piedra, conectando así tu posición con la fuerza originaria.
- Si no estás seguro de si el ritual ha funcionado en una o varias posiciones, simplemente repite tu diálogo interior y sigue utilizando la técnica de respiración descrita, hasta que sientas el impulso de pasar a la siguiente piedra.

Conclusión
Al final del ritual, agradece el apoyo a tus ancestros. Agradece a las piedras su ayuda y purifícalas, ya sea encendiendo la mezcla purificadora de incienso y sosteniéndolas en el humo, colocándolas al sol o sosteniéndolas bajo el un grifo con agua corriente.

"VIAJE CHAMÁNICO DEL ALMA, LUZ"

Para nuestro camino chamánico de sanación del alma y para liberarnos de las estructuras tóxicas en las relaciones, utilizamos una variante simple del clásico viaje chamánico del alma. Cualquier otra cosa se saldría del tema de este libro. También es aconsejable aprender la técnica del viaje chamánico a través de cursos especializados.

Con la sencilla técnica del viaje que aquí se presenta, puedes encontrarte con diferentes arquetipos en el jardín de tu alma y activarlos para que te ayuden a alcanzar su objetivo. Puedes recuperar partes perdidas del alma y potencialidades, y disolver viejos contratos y creencias que la bloquean.

Por favor, toma nota: en todo lo que tiene que ver con la recuperación de partes del alma y potencialidades, así como con la disolución de contratos del alma, es vital no forzar las cosas usando tu mente y tu ego. Sigue las instrucciones al pie de la letra. Aquí es donde más cerca estamos de las emociones de nuestros traumas más profundos, por lo tanto, no intentes abrir cosas en tu alma que todavía no están listas para sanar o que requieren la ayuda de un chamán con experiencia en recuperación de almas. Respeta tus propios límites, acepta con gratitud lo que te estén dando y no te precipites. Los siguientes viajes siguen el mismo patrón.

> Se consciente de tus límites y sigue las instrucciones.
> No es necesario hacerlo todo a la vez; puedes repetir los viajes en cualquier momento.

Ritual: "Viaje chamánico del alma, Luz"

Preparación

Empieza por definir el objetivo exacto del viaje que quieres hacer; que siempre debe estar en el contexto de la visión que formulaste en el ritual Visión del Corazón (página 139). Por ejemplo, si estás viajando hacia tu Guerrero Interior, formúlalo de la forma más clara posible: "Estoy viajando hacia mi Guerrero Interior para aclarar el alcance de mi capacidad actual, para establecer límites y averiguar qué puedo hacer para activarla y optimizarla de modo que se corresponda con mi verdadero ser".

Luego, crea un ritual en un entorno relajado, en una habitación protegida y libre de distracciones, encendiendo incienso y una vela. Abre el espacio sagrado y pide protección a la *deva* de la ortiga (véanse páginas 131 a la 134).

Procedimiento

Estas instrucciones, con el apoyo del ritmo del tambor chamánico, te acompañarán durante tu transición de la consciencia normal de vigilia a la consciencia del alma. Emprende tu viaje:

- Primero te encuentras con el guardián de tu jardín del alma (o tu animal de poder, si eres un viajero chamánico).
- Con el guardián te dirigirás al Fuego de Transformación, donde tendrá lugar lo que hayas venido a hacer.
- En el Fuego de Transformación te encuentras con los arquetipos intrapsíquicos que pueden ayudarte a resolver tus patrones de relaciones tóxicas; también regresan al fuego partes perdidas del alma y se disuelven contratos y creencias.
- Después de pasar unos minutos junto al Fuego de Transformación, regresas de la consciencia del alma a la consciencia normal de vigilia.

Conclusión

Por último, anota la información que hayas recibido. Si hay algo que necesites hacer en tu vida cotidiana, hazlo.

Las instrucciones para este viaje las encontrarás al final del libro (consulta la página 181), para que puedas crear tu propio archivo de audio.

Un ritmo de tambor chamánico de fondo es importante para ayudarte a entrar en un trance ligero. Existe una gran variedad de mp3 o CD con secuencias de tambores apropiadas disponibles. También puedes descargar un archivo de audio con un ritmo de tambor adecuado desde nuestro sitio web en **https://schamanenpfad.de.**

Viaje al Fuego de Transformación

En el "Viaje Chamánico del Alma, Luz" siempre se viaja al Fuego de Transformación. Allí puedes pedir que se manifieste un arquetipo específico o abordar alguna inquietud determinada. Lee esta sección antes de emprender el viaje al Fuego de Transformación.

Encontrarás el Fuego de Transformación en lo más profundo de tu jardín del alma. El guardián de tu jardín del alma te guiará en el "Viaje Chamánico del Alma, Luz" hasta llegar al fuego. La forma en que este pueda actuar sobre ti en ese momento, dependerá del aspecto en que se manifieste.

Fuego fuerte

Si el fuego arde de forma constante, uniforme y vibrante, con una llama predominantemente azul-violeta, entonces está en su máximo esplendor y puedes realizar el trabajo de transformación a la perfección. De esta forma, también es un lugar maravilloso para reunirse y crear paz.

Fuego arrollador

Si el fuego es de tal intensidad que es imposible permanecer cerca de él, esto indica que el principio de transformación ha cobrado vida propia y que se ha roto el equilibrio en el proceso de tomar, retener, dar y soltar.

También puede ser una indicación de que estemos rechazando el proceso de transformación y no podemos, o no queremos, perdonarnos a nosotros mismos o a los demás. En tal caso, todos los intentos por liberarnos de nuestros patrones de relaciones tóxicas son, en principio, más difíciles o incluso imposibles de lograr mientras el fuego arda desfavorablemente. Invocando a tu Maestro Interior (véase página 161) y entablando un diálogo con él y con la "esencia del fuego", podemos aclarar por qué ocurre esto y qué podemos hacer para que el fuego vuelva a su estado de intensidad natural.

Fuego débil

Si el fuego es débil y no arde adecuadamente, es señal de que nuestra capacidad o voluntad para transformarnos, tanto interior como exteriormente, se ha debilitado. Aquí también es importante invocar al Maestro Interior y aclarar en un diálogo con él y con la "esencia del fuego" el porqué de esto y qué podemos hacer para restaurar el fuego a su intensidad natural.

Fuego apagado

Si el fuego se ha apagado, somos incapaces de cualquier transformación real y, probablemente, también seamos incapaces de perdonar realmente a alguien. Aquí también es importante convocar al Maestro Interior y aclarar en un diálogo con él y con la "esencia del fuego" por qué ocurre esto y qué podemos hacer para reavivar el fuego. Puede que una parte del alma esté atrapada en viejo trauma.

Cómo garantizar un fuego saludable

Si durante el viaje te percatas de que tu fuego no arde adecuadamente, entonces habrás encontrado una razón importante de por qué aún no has podido transformar tus patrones de relaciones tóxicas. Pídele a tu Maestro Interior que aparezca junto al fuego (observa el siguiente viaje) y pregúntale a él y al propio "ser de fuego" qué puedes o debes hacer para que tu fuego vuelva a arder con la intensidad adecuada. Después del viaje, comienza a ponerlo en práctica en tu vida.

> ### Transformación en el fuego
> Si tu fuego está ardiendo de forma óptima, extiende las manos hacia él e imagina que todo lo que te ha estado atascando en patrones de relaciones tóxicas e impidiendo la sanación, ahora se desplaza hacia el fuego a través de tus manos y se transforma en un campo de apoyo y fuerza.

Viaje al Maestro Interior

Cuando te dirijas a tu Maestro Interior, piensa detenidamente en lo que necesitas de él. Pídele que aparezca en el Fuego de Transformación. Trátalo con respeto y pídele consejo y ayuda. El Maestro Interior suele aparecer en forma de persona, pero también puede aparecer en forma de animal o criatura mítica.

Incluso si no estás realizando un viaje específico hacia tu Maestro Interior, en algunos viajes es importante invitarlo a venir al Fuego de Transformación.

Puede darse el raro caso de que tu Maestro Interior aparezca debilitado o enfermo y no te proporcione ninguna información. Esto significa que tu propio sistema de aprendizaje no está funcionando en ese momento o está debilitado. En tal caso, pide a tu Guardián y a tu Maestro Interior información específica sobre lo que necesitas hacer para reactivar tu sistema de aprendizaje.

Cuando tu Maestro Interior aparece espontáneamente

Los Maestros Interiores suelen aparecer espontáneamente durante viajes al Fuego de Transformación. Si tu Maestro Interior considera importante aparecer, escucha atentamente lo que él tiene que decir. Agradécele sus consejos y aplícalos sistemáticamente en tu vida cotidiana.

Viaje al Guerrero Interior

Durante los viajes chamánicos a nuestro Guerrero Interior podemos apreciar el estado actual de nuestra capacidad para establecer límites, reflejada en su condición actual. Nuestro Guerrero Interior refleja nuestra capacidad de enfrentar las adversidades de la vida y los patrones tóxicos en nuestras relaciones de una forma adecuada, así que presta atención a las condiciones que este presenta en el Fuego de Transformación.

Si tu Guerrero Interior está demasiado débil

Si tu Guerrero Interior está herido, encadenado o desarmado, pídele a tu Maestro Interior que te explique qué personas, relaciones y circunstancias de tu vida te están drenando su energía y pídele instrucciones precisas sobre lo que debes hacer. En tu viaje, puede que necesites aflojar simbólicamente las cadenas.

Solicita que te explique la causa de la debilidad, la cual suele guardar relación con viejas heridas de la infancia vinculadas a creencias. Deja que te explique cómo puedes sanarlas y, si hay otras personas implicadas en la causa de dicha debilidad, haz las paces con ellas internamente. De este modo podrás revigorizar a tu Guerrero Interior de forma gradual.

Si tu Guerrero Interior es demasiado fuerte

Si tu Guerrero Interior está fuertemente armado, rígido o inmóvil, es probable que una parte de ti haya sido herida en el pasado y por ello tengas miedo a sostener encuentros y relaciones que te enriquezcan y proporcionen alegría. Habla con tu Guerrero Interior para aclarar las causas. ¿Cómo surgió esa falta de flexibilidad?

Recomendaciones para la vida diaria

Adopta una actitud de juego cuando se trate de tus fronteras personales y, en tus relaciones y encuentros con la gente, comprueba cuánta distancia física necesitas para sentirte cómodo. Estas son señales tanto para el Guerrero Interior extremadamente fuerte como para el Guerrero Interior extremadamente débil, de que estás abordando estas cuestiones en tu vida cotidiana de manera consciente.

Las fronteras que establecemos para protegernos en nuestros diferentes encuentros y situaciones de la vida son únicas para cada individuo. Una persona puede necesitar más distancia en sus relaciones, mientras que otra puede necesitar menos. El radio de esta zona que le rodea depende de una serie de factores cambiantes, tales como la forma en que se sienta ese día, su nivel de salud y de alerta mental, y las personas con las que esté tratando. Una vez que hayas explorado tu radio personal en tus relaciones, comprueba si otras personas lo respetan o violan constantemente. Visualiza a tu Guerrero Interior patrullando esa frontera para impedir que alguien se acerque más de lo necesario.

Viaje al Herrero Interior

Cuando tengas un encuentro con tu Herrero Interior en el Fuego de Transformación explícale por qué estás ahí. Normalmente no habla mucho, pero empezará a trabajar de inmediato y las distintas líneas de relación con las que está trabajando se harán visibles.

El Herrero Interior que hace su trabajo

Si las líneas de relación están negras y han sobrepasado su tiempo pueden ser cortadas, pues sobrecargan nuestro corazón innecesariamente.

Cómo deshacerse de los patrones y de las relaciones tóxicas

El Herrero Interior cortará esas líneas con una espada. Si las líneas de relación están contaminadas en ciertas áreas y por tanto lucen descoloridas, el Herrero Interior eliminará los depósitos con un cuchillo o un bisturí para que vuelvan a estar libres de contaminación. Una vez finalizado su trabajo, puede que te encomiende tareas para tu vida cotidiana.

> El Herrero Interior corta o limpia tus líneas de relación, disolviendo así los patrones tóxicos.

El Herrero Interior que se rehúsa a hacer su trabajo

Si el Herrero Interior aparece y no hace nada, pídele una explicación acerca de tal inacción. Es posible que aun tengas que perdonar a alguien interiormente o pedir perdón a alguien antes de que las líneas de relación se puedan cortar. Las líneas de relación entre padres e hijos, así como las líneas de relación entre un esposo y una esposa que tienen un hijo en común, pueden purificarse pero no cortarse.

Recomendación para la vida diaria

Presta especial atención a tus sentimientos en tus relaciones y encuentros cotidianos en el futuro inmediato, no solo en los de naturaleza tóxica. Tómate tu tiempo y observa honestamente cómo te sientes al respecto.

Por ejemplo, ¿la actitud de tu compañero de trabajo o pareja te molesta y drena tu energía? ¿O esa actitud te dificulta alcanzar tu meta o hacer realidad tu deseo o sueño? ¿Sigues reaccionando ante un amigo con actitud reservada y distante a causa de una vieja discusión, y esto te roba energía vital o te distrae?

Lo importante aquí no es poner fin a estas relaciones, sino reconocer qué aspectos te están agobiando a ti y a tus relaciones con otras personas, de modo que puedas sensibilizarte ante esas molestias innecesarias. En todos estos casos puedes realizar el ritual de purificación descrito más adelante, que te permitirá enfocarte y reencontrarte con personas en libertad.

Viaje al Hombre Interior, a la Mujer Interior y al Niño Interior

El viaje hacia los arquetipos del Hombre Interior, la Mujer Interior y el Niño Interior, consiste en reconocer cómo estos interactúan entre sí, si existe un equilibrio entre el Hombre Interior y la Mujer Interior, si pueden fusionarse en el arquetipo de los Amantes y cómo se siente tu Niño Interior al respecto.

Viaja al Fuego de Transformación y pide a tu Mujer Interior, a tu Hombre Interior y a tu Niño Interior que se presenten. Al poco tiempo, aparecerán en el fuego. Aquí es importante observar si vienen al fuego juntos o por separado, si se tratan con cariño y cortesía, o si marido y mujer están claramente en desequilibrio. Observa si se apartan el uno del otro o si tal vez uno está atormentando al otro, oprimiéndolo, no lo toma en serio, etc. Observa también al Niño Interior. Observa atentamente su comportamiento y sus sentimientos.

Pídeles que te cuenten cómo son. Pregunta si tu Mujer Interior y tu Hombre Interior pueden fundirse en el arquetipo de los Amantes. Pregúntales qué necesitan para recobrar su fuerza y vigor. Escucha qué tienen que contar. Intenta no juzgar, valorar o evaluar, pero permanece con ellos y préstales toda tu atención.

Viaje para recuperar las partes perdidas del alma

El propósito de este viaje es reintegrar en nuestro sistema del alma aquellas partes que se han separado en el pasado y que ahora están listas para regresar y son necesarias para sanar nuestros patrones de relaciones tóxicas. Con el "Viaje Chamánico del Alma, Luz", sin embargo, solo podemos recuperar partes del alma que ya han recobrado su poder, sabiduría y fuerza originales, y que ya no arrastran la herida original. Las partes que todavía están traumatizadas y heridas requieren un tratamiento más profundo y solo deben ser recuperadas por un chamán experimentado.

Cuando llegues al Fuego de Transformación, comienza por conectarte con la energía de este lugar y pídele a tu Maestro Interior que se presente. Una vez que esté contigo, pide interiormente que aparezcan en el fuego todas las partes del alma que han recobrado su poder, fuerza y sabiduría y que están listas para volver a formar parte de su totalidad.

Si aparecen las partes del alma, pregúntales si quieren contarte algo de su historia y escúchalas. Pregunta también a tu Maestro Interior si tiene algún mensaje para ti sobre lo que puedes o debes hacer en tu vida para permitir que las partes que ahora regresan se sientan seguras y cómodas al integrarse en ti. Imagina que tomas las partes del alma de la mano y caminas con ellas a través del fuego. Allí, las partes que antes estaban separadas se fundirán con tu alma y la energía de estas volverá a estar disponible.

> Si no aparecen partes del alma junto al fuego durante el viaje, pregúntale a tu Maestro Interior si falta alguna parte del alma que pudiera recuperarse mediante el "Viaje Chamánico del Alma, Luz".

Cómo integrar las partes recuperadas del alma

Ten en cuenta que la reunificación de las partes del alma requerirá de un trabajo de integración. Dedícate a hacer esto durante unos minutos al día por las próximas cuatro semanas. Independientemente de si puedes o no sentir la energía de las partes del alma, tómate simbólicamente en tus brazos y saluda a la(s) parte(s) del alma para que se sientan bienvenidas y puedan sanar. De lo contrario, pueden volver a alejarse al no sentirse valoradas, consideradas y queridas.

Este viaje no debería ser realizado con tanta frecuencia porque podría ser muy exigente para ti. Es mejor ocuparte de su integración en la vida cotidiana. Regresa al fuego solo cuando te sientas pleno y la parte del alma se haya integrado por completo.

Viaje para recuperar las potencialidades

Una potencialidad, al igual que las partes del alma, es una parte faltante de ella. La diferencia es que la potencialidad siempre incluye una capacidad que se perdió en una encarnación anterior debido a experiencias traumáticas. Puede ser, por ejemplo, la capacidad de amar profundamente, ser feliz, hablar con los demás, defender tus puntos de vista, etc.

El viaje y el trabajo de integración es exactamente el mismo que en el viaje para recuperar partes del alma, salvo que en el Fuego de Transformación se pide que vuelvan a ti las potencialidades correspondientes.

Viaje para disolver los contratos del alma

Tu Maestro Interior también te apoyará en el viaje para disolver los contratos del alma. Cuando hayas alcanzado el Fuego de Trasformación, pide a tu Maestro Interior que se presente. Pregúntale si hay algún contrato del alma que te ate a la persona o personas con las que estás atrapado en relaciones tóxicas, o si has hecho un contrato del alma contigo mismo que te mantiene atrapado en tus patrones de relaciones tóxicas.

Si tu Maestro Interior responde que sí, entonces pide a tu Guardián que busque el contrato (o contratos) en la Cueva de los Contratos del Alma, en forma de documento, y lo traiga al fuego. Tu Guardián desaparecerá y reaparecerá poco después con el documento. Léelo detenidamente y pregúntale a tu Maestro Interior si tiene algo más que decir. Cuando te sientas preparado, coloca el documento en las llamas del Fuego de Transformación y pide que el contrato del alma se disuelva y se transforme en medio de las llamas. Observa cómo arde el documento.

La transformación de los contratos del alma en tu realidad cotidiana

Después de tu viaje, escribe exactamente el contenido del contrato o contratos del alma. Observa cómo ha influido en tus relaciones hasta ahora.

Escribe todo lo que se te ocurra sin pensar demasiado en ello. Luego, quema la nota o entiérrala. Toma en cuenta que, a través de este ritual, finalmente te liberarás del poder vinculante del contrato del alma.

Viaje para disolver creencias

Para el viaje de disolución de creencias se sigue el mismo procedimiento que para la disolución de contratos del alma. Viaja al Fuego de Transformación y pide a tu Maestro Interior que se manifieste. Pregúntale si hay alguna creencia que te esté impidiendo salir de tus patrones de relaciones tóxicas para sanar tu alma.

Si tu Maestro Interior responde que sí, pídele a tu Guardián que recupere la creencia (o creencias) a nivel del subconsciente, en forma de documento, y que lo lleve al fuego. Tu Guardián desaparecerá y reaparecerá poco después con el documento. Léelo atentamente, pregúntale a tu maestro si hay algo más que quiera decir; cuando estés preparado, entrega el documento a las llamas del Fuego de Transformación y pide que las creencias se disuelvan y se transformen en medio de las llamas. Observa cómo arde el documento.

> Las creencias negativas pierden su poder cuando, en el ritual del Fuego de Transformación, las convertimos en la realidad.

Transformación de creencias negativas en realidad

Cuando regreses de tu viaje, realiza otro ritual. Escribe la creencia o creencias en detalle y observa cuánto han influido en tus relaciones hasta ahora. Escribe todo lo que te venga a la mente sin pensar mucho. Luego, puedes quemar o enterrar la nota en la vida real (toma en cuenta el riesgo de incendio). Hazte consciente de que con este ritual por fin te liberas del poder vinculante de la creencia. Ahora te has liberado de ella.

Apoyo mediante afirmaciones

Después de cada viaje, si quieres, puedes seguir trabajando con afirmaciones (véase página 108), especialmente después de disolver creencias y contratos del alma. Encuentra una afirmación adecuada que refuerce tu libertad interior y te apoye en tu camino hacia unas relaciones felices.

Escribe la afirmación en varias hojas de papel y cuélgalas en distintos lugares de la casa para recordarla constantemente. Acostúmbrate a imaginar que inhalas la afirmación con la respiración. Repite esto durante varios días o semanas, hasta que sientas que la energía y el poder de tu afirmación se están haciendo realidad en ti, en tu vida real y en tus relaciones.

No abandones tu nuevo camino antes de tiempo

En nuestro viaje por la vida siempre habrá momentos en los que quisiéramos rendirnos. Nos sentimos incapaces de manejarlo y dudamos y cuestionamos todo. Sobre todo, en esos momentos, es importante recordar nuestro objetivo, ser constantes y no rendirnos prematuramente. Tu viaje termina cuando hayas llegado a tu destino.

Solo cuando hayas erradicado los viejos patrones de relaciones tóxicas y hayas sanado tu alma y solo cuando hayas creado nuevas estructuras de relación que te nutran, te apoyen y te aporten alegría, habrás alcanzado tu meta.

Así que, en caso de que surjan las dudas, visualiza tu meta una y otra vez y realiza los rituales "Como un árbol" (véase página 140) y "Conectar cabeza, abdomen y corazón" (véase página 135).

EL VIAJE DE TU HÉROE PERSONAL

Para sanar los patrones de relaciones tóxicas, las relaciones tóxicas y las heridas resultantes en nuestra alma, y al mismo tiempo recorrer un camino que nos acerque a nuestro propósito, podemos seguir el camino chamánico del Viaje del Héroe. Al hacerlo, nos embarcamos en un viaje que nos lleva mucho más allá del nivel de la relación y puede conducirnos a una solución mayor (véase página 117).

Podemos encontrar distintas variaciones del Viaje del Héroe en la mitología y en las historias heroicas. El tema básico es siempre el siguiente: el protagonista esta impulsado o forzado por la vida, en forma de llamado interno o de acontecimientos externos, como golpes del destino u otros obstáculos, a abandonar su vida cotidiana normal. El protagonista se embarca en un viaje para alcanzar un objetivo concreto (matar al dragón, salvar a la princesa, encontrar el Santo Grial, etc.). El destino del héroe está muy apartado de su entorno familiar anterior y, en un principio, parece casi inalcanzable.

En su viaje, el héroe crece, se fortalece y finalmente se transforma.

En su viaje, nuestro héroe se enfrenta a todo tipo de retos, tareas y peligros que la vida te depara. Tiene que dominarlos todos y en el proceso va creciendo continuamente. Finalmente, habrá adquirido todas las destrezas que necesita para enfrentarse a sí mismo en la oscuridad, para enfrentarse a sus anhelos, sus deseos, sus miedos y sus verdades más profundas, y llegar a dominarse a sí mismo.

Ahora nuestro héroe enaltecido, tiene la fuerza suficiente. Sabe quién es y la verdadera razón de su viaje. Continúa su camino hacia la sanación y finalmente llega a su destino. Allí es puesto a prueba por la vida una vez más; tiene que demostrar que sus intenciones son serias y que es digno de que sus deseos más profundos se cumplan como un regalo de la vida. Si supera este último obstáculo, su propósito se habrá cumplido. Ha llegado al final de su viaje y regresa a casa transformado. Se queda allí hasta que vuelva a sentir el llamado y emprenda su viaje para seguir creciendo y llegar a tener dominio sobre su vida.

En nuestro caso, el llamado es a liberarnos de los patrones enfermizos y degradantes de las relaciones tóxicas para que podamos conducir nuestras vidas, o ciertas áreas de nuestras vidas (parejas, familia, relaciones laborales, amistades), en una dirección que promueva nuestra alegría, nuestra satisfacción y nuestra salud una vez más.

Si quieres embarcarte en tu propio Viaje del Héroe, en la página de Recursos encontrarás referencias bibliográficas relevantes y un curso por internet.

La Rueda del Alma

Nuestro Viaje del Héroe, el cual emprendemos para sanar nuestras estructuras de relaciones tóxicas, así como heridas y problemas inherentes al alma, nos lleva a través de la Rueda del Alma. Ésta simboliza diferentes áreas de la vida que estaremos examinando detenidamente y sobre las que trabajaremos en el transcurso del viaje para poder sanar y armonizar nuestra alma.

La Rueda del Alma simboliza los 12 pasos necesarios para pasar de "relaciones tóxicas" a "relaciones saludables y felices" y, al mismo tiempo, sanar nuestra alma:

1. **Evaluación:** Comenzamos nuestro viaje con una evaluación de nuestra situación actual y determinamos nuestro objetivo.

2. **Amor propio:** Nos abrimos a amarnos a nosotros mismos, que es el requisito más importante para que el viaje tenga éxito.

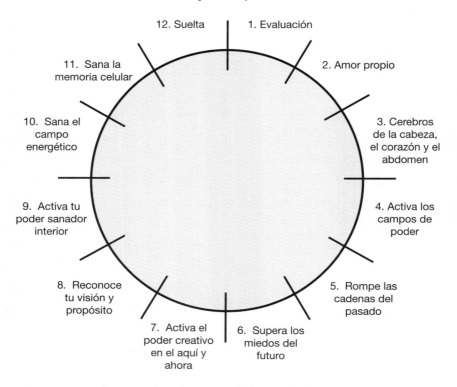

Figura 7: Las doce áreas de la Rueda del Alma

3. **Cerebros de la cabeza, el corazón y el abdomen:** Conectamos los tres centros de sabiduría más importantes en nuestro interior: el cerebro de la cabeza, el cerebro del corazón y el cerebro abdominal. De este modo, creamos las condiciones necesarias para evitar parpadeos, no pasar por alto los aspectos importantes y adoptar un enfoque de sanación holístico.

4. **Activa los campos de poder:** Activamos las tres fuentes de poder más importantes de nuestra psique, la Fuente de la Vida, el Lugar de la Fuerza y la Roca de los Ancestros. Esto nos da la energía necesaria para liberarnos de las cadenas de relaciones tóxicas y de los patrones tóxicos en las relaciones.

5. **Rompe las cadenas del pasado:** Rompemos las cadenas del pasado, sanamos viejas heridas y transformamos los patrones que nos impiden avanzar hacia un campo de poder.

6. **Supera los miedos del futuro:** Transformamos nuestros miedos sobre el futuro en un campo de valentía, confianza y dicha.

7. **Activa el poder creativo aqui y ahora:** Activamos nuestro poder creativo aquí y ahora, para poder dar forma a nuestras vidas y relaciones, tal y como nos gustaría que fueran.

8. **Reconoce tu visión y proposito:** Emprendemos una búsqueda para reconocer nuestra visión y nuestra tarea de vida.

9. **Activa tu poder sanador interior:** Conectamos con nuestro poder de sanación interior y lo activamos para que se produzca en todos los niveles.

10. **Sana el campo energético:** Sanamos nuestro campo energético, nuestra aura y nuestros chakras para que vuelvan a funcionar a la perfección. Esto garantiza que dejemos de emitir o atraer energías que nos lleven a adoptar patrones tóxicos.

11. **Sana la memoria celular:** Sanamos nuestra memoria celular para que se libere de cualquier patrón de bloqueo, así promueve y apoya nuestra salud sin contener patrones que puedan empujarnos hacia situaciones y relaciones tóxicas. Borramos todas las memorias y patrones que hayan quedado almacenados a nivel celular, ya sea a causa de nuestras experiencias y patrones tóxicos o por los de nuestros ancestros.

12. **Suelta:** Soltamos todo aquello que aún nos retenga, nos bloquee y nos mantenga atrapados en un ciclo de relaciones negativas y tóxicas. Luego, atravesamos la puerta para seguir hacia nuestro destino. Ya nuestra alma se ha liberado y nos hemos liberado de todas las energías que nos han mantenido atados a patrones tóxicos.

AYUDA INMEDIATA

Cuando hemos estado expuestos a las energías de una relación tóxica, es conveniente liberarnos de inmediato y de manera simbólica utilizando los rituales adecuados de esas energías negativas, a fin de que no sigan afectando nuestro sistema energético. Este sencillo ritual puede ayudarte.

Purificación de las energías negativas

Después de un encuentro con una persona con la que mantienes una relación tóxica, es posible que te sientas deprimido, agotado, culpable, humillado, enfadado, etc.

Podemos contrarrestar esos sentimientos negativos de inmediato y liberarnos de ellos. Podemos asumir responsabilidad sobre cómo nos sentimos, dejar atrás el papel de víctima y acceder a nuestro poder creativo. En lugar de culpar a la otra persona de nuestros sentimientos, en lugar de permitir que los sentimientos tóxicos se desborden, restándonos poder, podemos trabajar de forma proactiva y fomentar nuestra capacidad de permanecer en calma y cuidarnos.

Ritual: Purificación de energías negativas

El siguiente ritual te ayudará a liberarte de las emociones y energías negativas que hayas asumido como consecuencia de un encuentro. Te llevará entre 10 y 20 minutos y deberás ducharte.

Preparación

El ritual se realiza en el cuarto de baño. Crea un ambiente meditativo escuchando un ritmo de tambor chamánico o música de meditación y enciende una vela. Si quieres, también puede encender la mezcla purificadora de incienso. Abre el espacio sagrado y crea un círculo protector con la *deva* de la ortiga (véanse páginas 131 a la 134).

Ahora, presta mucha atención a cómo te encuentras en ese momento y a los sentimientos que estás experimentando. Date cuenta una vez más que nadie tiene poder sobre tus sentimientos, excepto tú. Eres el creador de tu realidad y eres responsable de cómo te sientes.

Procedimiento

- Abre la ducha y ajusta la temperatura del agua a tu gusto. Colócate desnudo bajo el chorro de agua.
- Una vez más, observa tus sentimientos en ese momento e imagina que el agua los arrastra y los hace desaparecer por el desagüe. Pide al poder transformador del agua que transforme todas las energías negativas que salen de ti y las haga inofensivas para que no puedan hacer daño a nadie.
- Puedes potenciar el efecto de este ritual a través de tu respiración. Al inhalar, imagina que el aire que respiras conecta con la energía de los sentimientos negativos que yacen en el fondo. Al exhalar, imagina que esos sentimientos negativos se canalizan hacia la corriente de agua y desaparecen. Continúa haciendo esto hasta que te sientas mejor y tengas una sensación de paz interior.

Conclusión

Después del ritual, agradece al agua su apoyo, sécate bien y luego purifícate con las mezclas de incienso de protección, de centrado y de bendición, tal como se describe en el ritual de "Incienso para fortalecer y limpiar el aura" (véase página 143).

Protección contra energías negativas

Cuando sabes que un encuentro va a ir acompañado de emociones y energías tóxicas negativas, puedes protegerte de antemano o en el momento en que surja la situación. Existen diferentes métodos para hacerlo:

- Ya conoces el **círculo protector con la ortiga** (véase página 133). Puedes trabajar con él mentalmente, antes o durante cualquier situación de relación tóxica.

- Una buena opción es encender **incienso**. Como protección contra las energías negativas de una relación tóxica, se puede utilizar una mezcla de incienso de protección antes del encuentro. Para ello, ponte de pie sobre el incensario que tienes en el suelo, tal como se describe en el ritual "Incienso para fortalecer y limpiar el aura" (véase página 143). A medida que el humo de la mezcla protectora vaya envolviendo tu cuerpo, conéctate interiormente con tu intención de estar mejor protegido y visualiza cómo el incienso estabiliza tu aura, creando un espacio protegido y seguro a tu alrededor.

- Otra buena alternativa es **trabajar con nuestro Guerrero Interior**. Como ya dijimos (véase página 100), el Guerrero Interior es el arquetipo dentro de la psique que nos proporciona un espacio protegido y seguro, donde podemos sentirnos a gusto y desarrollarnos de acuerdo con nuestro verdadero ser. Basta con cerrar los ojos y respirar profundamente, inhalando y exhalando varias veces, e imaginar a un guerrero cuya tarea no es hacer la guerra, sino proteger nuestro espacio personal. Pídele interiormente que se cerciore de que estés seguro y protegido a nivel del alma y que las energías negativas del exterior no puedan perjudicarte.

FINALMENTE:
¿QUÉ ES EL AMOR VERDADERO?

Para finalizar, recordemos una vez más que nuestra vida consiste en múltiples relaciones. Creamos relaciones durante el embarazo, mucho antes de nacer; con nuestra madre, nuestro padre y con el entorno en el que nuestra madre se mueve y hace su vida.

Apenas nacemos, iniciamos una relación con el mundo en el que vivimos. En la infancia, ampliamos aún más nuestra experiencia del espacio que nos rodea y entablamos nuevas relaciones con personas, animales, el entorno en el que crecemos y, naturalmente, con nosotros mismos. Nos experimentamos en el contexto de nuestra vida interior en relación con el mundo exterior. Y así seguimos.

Nos vamos haciendo más conscientes de la naturaleza del mundo y todo ello ocurre a través de nuestras relaciones. Las relaciones determinan nuestra vida. Por lo tanto, vale la pena examinar detenidamente las estructuras y patrones de relación que tenemos almacenados en nuestra alma y subconsciente, y sanar todo aquello que intoxica, restringe, interrumpe y obstaculiza nuestras relaciones y nos impide ser felices.

Podemos dar un gran paso con miras a disfrutar de relaciones enriquecedoras y de una vida plena mediante la sanación de nuestra alma, y a través de técnicas como las aquí descritas. Sin embargo, nuestras relaciones no cambiarán simplemente con leer este libro o buscar otros métodos de sanación. Es solo mediante nuestras acciones que podremos cambiar viejas estructuras en un mundo material.

Así es como la vida nos invita a todos: dando forma a nuestras vidas, actuando, avanzando; y al mismo tiempo, al abrir cada vez más nuestra consciencia a nuestro verdadero amor propio, volvemos a develar el ser feliz que siempre hemos sido, somos y seremos.

Por tanto, echemos otro vistazo al amor. A estas alturas debería estar claro que las relaciones tóxicas obstaculizan el amor y no tienen nada que ver con él. Este solo se puede experimentar y vivir cuando nos hemos liberado de los patrones de las relaciones tóxicas y hemos sanado nuestras almas; es decir, cuando somos verdaderamente libres en nuestro interior.

En la sección sobre el sentido de la vida, mencionamos el amor como uno de los objetivos de la vida. ¿Pero qué queremos decir exactamente con eso? El amor no puede entenderse racionalmente, solo puede experimentarse. La mayoría de la gente describe al amor como una emoción o un sentimiento. Sin embargo, desde una perspectiva espiritual, el amor va mucho más allá. Es el principio básico de la creación, la esencia de todo. Es la energía sutil con la que se teje el universo.

A menudo confundimos nuestros sentimientos y emociones con el amor, pero estos simplemente surgen de él. Sin embargo, la mayoría de las emociones florecen cuando no estamos en un estado amoroso. El amor conduce a la libertad interior y a la expansión, a la fusión y disolución del "yo". No es algo que realmente se pueda dar o recibir, porque en su verdadera forma sencillamente está ahí, ilimitado e infinito. Está disponible para todos los seres porque es la sustancia fundamental de todo. ¡SOMOS AMOR!

Si tuviéramos una consciencia omnipresente de todo esto, si fuéramos capaces de captarlo en toda su extensión, entonces podríamos sentir un amor inmediato e ilimitado. No hay nada que no esté hecho de amor, aunque en su forma de sombra pueda parecernos distorsionado y malvado.

Ya no se trata del amor entre dos o más personas, ni de aquel que separa y divide, que es obra nuestra, sino de la energía que está en todo. Se trata del amor divino incondicional, el que lo abarca todo y no juzga, como el que Jesús nos entregó en la cultura cristiana: "Ama a tu prójimo como a ti mismo. Ama a tus enemigos".

No tiene nada que ver con debilidad o cobardía, sino con una auténtica grandeza interior y valentía, y con la capacidad de amar incondicionalmente. La vida en su conjunto, con sus aspectos positivos y negativos, nos desafía constantemente a dejar de calificar y no juzgar ni condenar, sino a vivir en amor. Cada encuentro, especialmente con nosotros mismos, cada amistad y cada relación amorosa, es un campo de entrenamiento para reconocer este principio fundamental y restablecerlo como base de nuestras acciones.

El amor humano, enriquecedor, es una manifestación del amor divino y puede recordarnos de dónde venimos realmente y qué es amar. Esta forma humana en la que nos encontramos está vinculada a emociones y sentimientos que suelen ser negativos y dolorosos. Algunos afirman que cuanto más sufres, mayor es tu afecto. Pero el sufrimiento no tiene nada que ver con el amor.

El amor auténtico nos libera y no alberga deseos de posesión. Mientras queramos poseer algo, ya sea un objeto, un lugar, un animal o una persona, no estaremos en un estado de amor. Este pensamiento siempre surge de las partes heridas que hay en nosotros y que están continuamente gritando: "Quiero esto... Necesito aquello...". Nuestro ego desea continuamente. En cambio, el amor auténtico sabe que es imposible poseer absolutamente nada, que toda forma de posesión nos impide ser libres. El verdadero amor existe en un estado de consciencia libre, se deja llevar y sabe que es imposible poseer nada. Es devoción por algo superior, incluyendo nuestro yo superior. Renuncia a todo apego y se entrega al universo y a la vida.

El amor humano pasa inmediatamente a la diferenciación. Esto surge porque vivimos en un mundo de polaridad. Aquí tenemos el amor y su polo opuesto: el odio. Tenemos relaciones felices e infelices, dependencia y libertad, y así sucesivamente. Siempre hay dos polos de cualquier principio básico reflejados en este campo de tensión. Ambos se etiquetan con un juicio, un rechazo o una aprobación. Desde el momento en que nos encontramos en este campo de tensión debido al rechazo o la aprobación, abandonamos la libertad y el amor verdadero, y surge el drama de la vida en el que estamos atrapados. Algo nos puede gustar o no, eso es humano y forma parte de nuestra vida, pero no tiene nada que ver con el amor. Tiene que ver con el apego a algo que no se ha resuelto. El amor total y universal se manifiesta cuando renunciamos a aquel que es humano (el de los apegos) y lo transformamos en algo más grande.

Ahora te toca tomar tus propias decisiones de vida. Te decidirás por:

○ ¿Tú y tu felicidad o contra ti mismo y el amor propio?

○ ¿Encuentros y relaciones auténticos, enriquecedores y provechosos o seguir con relaciones tóxicas?

○ ¿El valor para recorrer tu camino y sanarte a ti mismo y a tu alma o permanecer en el miedo y en estructuras enfermizas?

○ ¿Con amor o contra él?

○ ¿Un camino que te conduzca hacia ti mismo o en contra?

Te deseo lo mejor en tu viaje. Que el amor sea siempre tu guía. Que encuentres y recorras tu camino hacia la sanación de tu alma. Y que te liberes de las agobiantes relaciones tóxicas.

—**Stefan Limmer**

APÉNDICE

TRANSCRIPCIÓN DEL
"VIAJE CHAMÁNICO DEL ALMA, LUZ"

NOTA

En las páginas 158 y 159, encontrarás un resumen de las etapas del viaje. Toma nota de la información y haz tus preparativos. Asegúrate de que no te molesten durante los próximos 30 minutos. Si lo deseas, enciende una vela y una mezcla de incienso purificador o protector u otro incienso de tu agrado. Reproduce un ritmo de tambor chamánico, abre el espacio sagrado y pide protección a la *deva* de la ortiga (véanse páginas 131 a la 134).

Lo que debes hacer en el Fuego de Transformación para que puedas dar los pasos hacia la autosanación, se describe en capítulos individuales a partir de la página 159.

Bienvenido a este viaje chamánico, en el que te desplazarás al mundo inferior, al jardín de tu alma y al Fuego de Transformación para sanar tus patrones de relaciones tóxicas.

[Pausa corta: 4 segundos]

Ponte cómodo, preferiblemente acostado.

[Pausa corta: 8 segundos]

Comienza por enfocar tu atención en la respiración y hazlo profundamente; inhala y exhala, inhala y exhala.

[Pausa corta: 8 segundos]

Con cada exhalación, húndete cada vez más en la superficie en la que estés acostado.

[Pausa corta: 8 segundos]

Siente cómo te lleva la Madre Tierra.

[Pausa corta: 8 segundos]

Siente cómo el aire pasa por tu nariz y garganta hasta llegar a los pulmones.

[Pausa corta: 8 segundos]

Observa cómo el pecho sube y baja al ritmo de la respiración.

[Pausa corta: 8 segundos]

Centra toda tu atención en la respiración.

[Pausa corta: 8 segundos]

Con cada exhalación, húndete cada vez más en la superficie en la que estés acostado y libera todo lo que te está bloqueando e inhibiendo.

[Pausa corta: 8 segundos]

Puede que te vengan a la mente imágenes de tu vida cotidiana. No te aferres a ellas; déjalas pasar como si fueran nubes en el cielo.

[Pausa corta: 8 segundos]

Con cada exhalación, húndete más en la superficie sobre la que estés acostado.

[Pausa corta: 8 segundos]

Ahora, concéntrate completamente en ti mismo. En el ojo de tu mente aparece una serie de siete escalones descendentes.

[Pausa corta: 8 segundos]

Avanza con cuidado y desciende escalón por escalón.

[Pausa corta: 4 segundos]

. . . el primer escalón

[Pausa corta: 4 segundos]

. . . el segundo escalón

[Pausa corta: 4 segundos]

. . . el tercer escalón

[Pausa corta: 4 segundos]

. . . el cuarto escalón

[Pausa corta: 4 segundos]

Apéndice

. . . el quinto escalón

[Pausa corta: 4 segundos]

. . . el sexto escalón

[Pausa corta: 4 segundos]

. . . el séptimo escalón.

[Pausa corta: 4 segundos]

Cuando llegues al fondo de los escalones, verás una puerta frente a ti. Es la entrada al territorio de tu alma, al jardín de tu alma.

[Pausa corta: 8 segundos]

Camina lentamente hacia ella y te darás cuenta de que el guardián de esa puerta ya te estaba esperando.

[Pausa corta: 8 segundos]

En primer lugar, observa el aspecto de tu guardián. Salúdalo y pídele que te guíe hacia el Fuego de Transformación en el jardín de tu alma.

[Pausa corta: 8 segundos]

Junto con tu guardián, cruza la puerta y entra al jardín de tu alma: un paisaje de amplitud infinita y atemporal que refleja tu plenitud, tu belleza y tu riqueza interior.

[Pausa corta: 8 segundos]

Tu guardián te lleva por un camino que conduce al centro de tu jardín del alma personal.

[Pausa corta: 8 segundos]

Mientras recorres ese camino, contempla maravillado lo que te rodea: el paisaje interior de tu alma.

[Pausa corta: 8 segundos]

El camino conduce a un lugar donde arde un gran fuego de llamas color violeta. Este es tu Fuego de Transformación interior.

[Pausa corta: 8 segundos]

Una vez allí, siéntate junto al fuego con tu guardián y deja que el poder, la energía y la calidez de ese lugar desplieguen su magia sobre ti.

[Pausa corta: 8 segundos]

Mientras escuchas el sonido del tambor chamánico durante cinco minutos, haz lo que has venido a hacer para sanar tus patrones de relaciones tóxicas.

[5 minutos de tambor]

Agradece al Fuego de Transformación y a los seres implicados por su ayuda y apoyo.

[Pausa corta: 8 segundos]

Ahora es el momento de regresar a casa tras el viaje.

[Pausa corta: 8 segundos]

Despídete del fuego y de los seres implicados y dirígete al borde de la hoguera, donde te espera tu guardián.

[Pausa corta: 8 segundos]

Tu guardián te lleva de vuelta a la puerta de entrada de tu jardín del alma.

[Pausa corta: 8 segundos]

Al recorrer este camino, vuelve a contemplar los alrededores: el paisaje interior de tu alma.

[Pausa corta: 8 segundos]

Cuando llegues a la puerta, agradece a tu guardián por haberte guiado, despídete y cruza la puerta.

[Pausa corta: 8 segundos]

Observa frente a ti el tramo de siete escalones que descendiste al comienzo de tu viaje hacia el jardín de tu alma.

[Pausa corta: 4 segundos]

Camina al frente y sube lentamente los siete escalones.

[Pausa corta: 4 segundos]

Apéndice

. . . el séptimo escalón

[Pausa corta: 4 segundos]

. . . el sexto escalón

[Pausa corta: 4 segundos]

. . . el quinto escalón

[Pausa corta: 4 segundos]

. . . el cuarto escalón

[Pausa corta: 4 segundos]

. . . el tercer escalón

[Pausa corta: 4 segundos]

. . . el segundo escalón

[Pausa corta: 4 segundos]

. . . el primer escalón

[Pausa corta: 4 segundos]

Habrás regresado al lugar dentro de ti donde se inició el viaje.

[Pausa corta: 8 segundos]

Respira profundamente, inhala y exhala, y con cada inhalación vuelve lentamente al aquí y ahora, a tu realidad cotidiana.

[Pausa corta: 8 segundos]

Siente por un rato lo que acabas de experimentar y asimílalo profundamente.

[Pausa corta: 8 segundos]

Finalmente, abre tus ojos.

RECURSOS

Información sobre el autor y sus actividades de seminarios y prácticas: **https://schamanenpfad.de.**

Venta de incienso chamánico de alta calidad para la realización de rituales con incienso, para el trabajo chamánico y para el acompañamiento general: **https://schamanenpfad.de.**

VIAJES DEL ALMA GRATUITOS

En **https://schamanenpfad.de** podrás encontrar las siguientes descargas gratuitas:

○ Texto del "Viaje a la Cámara del Amor Propio" para reactivar tu conexión con el amor propio (véase página 137) en español.

○ Secuencia de tambores chamánicos.

CURSOS POR INTERNET

Los siguientes cursos están relacionados con los temas tratados en este libro y pueden ayudarte con la liberación de patrones de relaciones tóxicas y a sanar tu alma. Podrás encontrar más información sobre estos cursos en mi página **https://schamanenpfad.de**, bajo el título "Online Courses".

○ Integrative Shamanic Transformation Therapy (en inglés). Terapia chamánica de transformación integradora.

Libros

Fromm, Erich. *El Arte de Amar*. Barcelona: Grupo Planeta, 2021.

Ingerman, Sandra. *Soul Retrieval: Mending the Fragmented Self.* New York: Harper One, edición revisada y actualizada, 2006.

Limmer, Stefan. *Himmlisch lieben und göttlich vögeln: Rituale und Seelenreisen* für *Vertrauen und Hingabe*. Alemania: Arkana, 2016.

_____*Die Macht der zwei Seelen in dir, Goldmann: Die Ahnen- und die Individualseele heilen und die eigene Bestimmung finden*. Munich, Alemania: Goldmann Verlag, 2020. (Nota: Este libro contiene una descripción detallada sobre El Viaje del Héroe).

_____*Rituale zum Loslassen: Wie wir ganz einfach Körper, Geist und Seele befreien*. Alemania: Gräfe und Unzer Verlag, 2021.

_____*Versöhnung mit den Ahnen: Mit der 7-Generationen-Aufstellung zu ungeahnter Kraft* - Mit Übungs-CD. Alemania: Arkana, 2015.

_____*Schamanische Seelenreisen* (mit CD): *Kraft und Heilung in sich selbst finden. Mit Übungen und Ritualen für den Alltag*. Alemania: Gräfe und Unzer Verlag, 2014.

Paturi, Felix, R. *Heilbuch der Schamanen*. Alemania: Reichel Verlag, 2008.

Villoldo, Alberto. *Shaman, Healer, Sage: How to Heal Yourself and Others with the Energy Medicine of the Americas*. New York: Harmony, 2000.

RITUALES Y EJERCICIOS

Una carta dirigida a ti mismo 123, 142

Abre el espacio sagrado 131

El círculo de protección 133

Conecta cabeza, abdomen y corazón 135

Viaje chamánico a la cámara del amor propio 137

Ritual: La visión del corazón 139

Ritual: Como un árbol 140

Ritual: Incienso para fortalecer y limpiar el aura 143

Ritual: Armoniza los chakras y las prominencias frontales 149

Ritual: Armoniza la energía de los cuatro elementos 151

Ritual: La constelación de las siete generaciones 154

Ritual: "Viaje chamánico del alma, Luz" 158, 181

Viaje al Fuego de Transformación 159

Viaje al Maestro Interior 161

Viaje al Guerrero Interior 162

Viaje al Herrero Interior 163

Viaje al Hombre Interior, a la Mujer Interior y al Niño Interior 165

Viaje para recuperar las partes perdidas del alma 165

Viaje para recuperar las potencialidades 167

Viaje para disolver los contratos del alma 167

Viaje para disolver creencias 168

Purificación de las energías negativas 174

SOBRE EL AUTOR

Stefan Limmer nació en 1964 en Regensburg, Alemania. Es biólogo de la construcción, practicante de medicina alternativa, facilitador de seminarios y chamán iniciado. Además de los tratamientos neuropáticos, su práctica se centra en métodos de sanación chamánica, lo que ha estudiado e implementado durante más de dos décadas. Este enfoque ha dado lugar a un sendero de transformación cuidadosamente adaptado a las necesidades, patrones de comportamiento y desafíos clínicos del mundo occidental.

Para Stefan Limmer, la clave para sanar relaciones tóxicas radica en el enfoque chamánico del alma. A través de técnicas altamente efectivas, ha guiado a cientos de personas en su proceso hacia relaciones más plenas y satisfactorias.

Para más información, consulta: **https://schamanenpfad.de.**

ÍNDICE ANALÍTICO

A
afirmaciones, 108, 169
agresor, 14, 19, 22–26, 28, 32
Amantes, los, 89–90, 92–93, 146, 165
amor propio, 60–62, 82, 101, 113, 135, 137, 152–53
ancestros, 43, 72, 89, 119, 132, 154–56, 172–73
Animal de Poder, El, 88, 158
arquetipos, 40, 42, 87–95, 157–58, 165
aura, 39, 42, 44, 75–78, 119, 143, 146, 173, 176
autoestima, 12, 20, 25, 43, 60, 107
ayuda profesional, 20, 34

C
campo energético del alma. *Véase también* aura.
carta dirigida a ti mismo, 123, 138, 142
centros energéticos del alma. *Véase también* chakras.
chakras, 39, 42, 75, 77, 147–50, 173
círculo de protección, 118, 133
coincidencias, 49
consciencia humana, 37–38
expansión de la consciencia, 57
constelación de las siete generaciones, 74, 154–55
contratos del alma, 68–69, 119, 157, 167–69
creencias, 44, 106–9, 158, 162, 168
cuatro elementos, los, 81–86, 119, 132, 151–53
culpa, 16, 19, 48–49, 73–74, 80, 153

D
destino, 45, 49, 99, 113
deva, 133
deva de la ortiga, 133–35
desarrollo de la personalidad, 28
dualidad, 83, 90–91

E
ego, 20–22, 25, 56–57, 61, 84, 157, 179
embudo de energía, 148
encarnación, 53, 167
energías negativas, 64, 77, 79–80, 98, 143–44, 146, 174–76
espacio sagrado, 82, 118, 131
estrategias de evasión, 122
evaluación, 120

F
feminidad tóxica, 95
Fuego de Transformación, 88, 90, 98–99, 158–59, 161–63, 165–68, 181

G
guardianes de la Tierra, 51, 54, 94
Guerrero Interior, 88, 100–3, 158, 162–63, 176

H
Herrero, 88, 104–5
Hombre Interior, 89–98, 165

J
jardín del alma, 40, 42, 77, 158–59

L
lesiones del alma, 67
Ley del Espejo, 45–48, 67, 116

Índice analítico

M

Madre Tierra, 79, 80, 91, 131, 136, 138, 141, 144
Maestro Interior, 88, 90, 97, 99–100, 103, 160–62, 166–68
marco ritual, 118, 124–25
masculinidad tóxica, 94
mezclas de incienso, 125, 127, 130, 143, 145–46
  quemar incienso, 118, 126
Mujer Interior, 89–95, 97–98, 165

N

narcisista. *Véase también* trastorno de la personalidad narcisista.
Niño Interior, 89, 93–94, 97–98, 165

P

Padre Sol, 79–80, 90, 131, 138
partes del alma, 43, 66–68, 157, 165–67
patrones de conducta infantiles, 18
patrones de pensamiento negativos, 44, 107
patrones de roles, 22
patrones tóxicos, 50, 52, 94, 103, 162, 164, 173
pérdida de alma, 103
perdón, 63–64, 74, 99, 164
poder creativo, 20, 23–24, 42, 48, 89, 92–93, 140, 173
polaridad, 79
prominencias frontales, 147, 149
propio espacio, 102
propósito de nuestra alma, 29, 50, 53, 113
puntos antiestrés, 147, 150

R

rasgos de personalidad, 29, 32
recuperación del alma, 97
responsabilidad, 23–24, 26, 31, 48–49, 99, 115, 174
ritmo de tambor chamánico, 124–25, 159
rueda del alma, 171–72

S

salvador, 14, 19, 22, 24–26, 28
sentimientos negativos, 106, 120, 174–75
sentido de la vida, 50, 56, 113, 178
sistema energético sutil, 75, 79
sistema familiar, 27, 72–74, 103
sustancias de incienso, 124, 143

T

tarea de vida, 49, 51, 53–54, 59, 94, 173
tipos de personalidad, 32
trastorno de la personalidad narcisista, 32, 33

V

viaje chamánico del alma, 42, 157, 181
Viaje del Héroe, 119, 170–71, 187
víctima, 14, 17, 19, 22–28, 31–32, 174
visión, 52, 54–56, 118, 129, 132, 138–42, 158, 173
visión chamánica del mundo, 34, 37, 79

Obtén más información sobre nosotros
y de nuestros libros por medio de nuestra página:
www.InnerTraditions.com